Dr. Wolfgang Dierl

Insekten

Libellen, Käfer, Schmetterlinge und andere

BLV

Die Deutsche Bibliothek –
CIP-Einheitsaufnahme

Insekten: Libellen, Käfer, Schmetterlinge und andere / Wolfgang Dierl. –
5., durchges. Aufl., (Neuausg.) – München;
Wien; Zürich: BLV, 1997
(BLV-Naturführer)
ISBN 3-405-15112-0

BLV Verlagsgesellschaft mbH,
München Wien Zürich
80797 München

5., durchgesehene Auflage, Neuausgabe

BLV Naturführer

Lektorat: Dr. Friedrich Kögel
Umschlagentwurf: Studio Schübel, München
Satz und Druck: Appl, Wemding
Bindung: Auer, Donauwörth

Gedruckt auf chlorfrei gebleichtem Papier

Printed in Germany · ISBN 3-405-15 112-0

Bildnachweis

Angermayer: 99 u
Bellmann: 31 o, 33 u, 45 ur, 57 u, 59 u, 61 o, 79 o, 83 o, 95 o, 109 o, 117 o, 117 u, 121 u
Daudt: 49 or, 51 o, 73 u, 81 ul, 85 o
Eisenbeiss: 107 u
Eisenreich: 33 o, 97 o
Hagemann: 75 o, 87 u, 95 u, 101 o
Hinz: 57 o, 71 o, 105 u
Kretschmer: 45 ul, 53 o, 69 or, 79 u, 81 o, 83 u, 107 o
Laßwitz: 81 ur
Löhr: 43 o, 55 o, 67 u, 73 o, 111 u
Marktanner: 53 u, 63 o, 101 u, 115 o, 115 u
Partsch: 77 u, 121 o
Penner/Geobios: 27 u, 29 o, 97 u
Pfletschinger/Angermayer: 21 o, 21 u, 23 o, 23 u, 35 o, 37 u, 41 o, 41 u, 43 u, 47 o, 49 ur, 51 u, 61 u, 87 o, 89 o, 89 u, 109 u, 113 ur, 119 o, 123 o, 125 o
Poluzzi: 45 o
Pretscher: 25 o
Reinhard: 35 u, 37 o, 65 o, 69 u
Rohdich: 47 u, 63 u, 67 o, 69 ol
Sauer: 125 u
Scharbert: 71 u
Tessenow: 25 u, 27 o, 77 o, 85 u
Willner: 29 u, 31 u, 39 o, 39 u, 55 u, 59 o, 65 u, 75 u, 91 o, 91 u, 93 o, 93 u, 103 u, 111 o, 113 ul, 119 u, 123 u
Zepf: 49 ul, 99 o, 103 o, 105 o, 113 o
Ziesler/Angermayer: 49 ol

Foto S. 2/3: Willner (Apollofalter)
Fotos auf dem Umschlag:
Look/Wothe (Vorderseite: Große Pechlibelle, Ischnura elegans);
Willner (Rückseite: Feldhummel)

Zeichnungen: Folke Kretzschmar (alle, außer den nachfolgend aufgeführten);
Barbara von Damnitz: S. 94, S. 96, S. 100, S. 102, S. 104, S. 106, S. 108, S. 110, S. 112, S. 114 unten;
Wolfgang Dierl: S. 7 unten, S. 8, S. 10, S. 11;
Marlene Gemke: S. 30, S. 42, S. 44, S. 60, S. 72;
Klaus Joas: S. 98

Einführung

Jeder aufmerksame Naturbeobachter wird fast überall in der Natur auf Insekten treffen und die Frage stellen, was er nun vor sich hat. Er wird jedoch bald feststellen, daß er vor einer riesigen, unüberschaubaren Fülle von Formen steht, die heute ein einzelner nicht mehr erfassen kann. Das gilt auch für die mitteleuropäische Fauna, die mindestens 30 000 Arten umfaßt. Die Mehrzahl dieser Arten ist sehr klein und kann nur vom Spezialisten anhand umfangreicher Sammlungen und Spezialliteratur sicher erkannt werden.

Für den Laien ergeben sich daher große Schwierigkeiten im Bestimmen. Wenn nicht eine ganz besondere Fragestellung vorliegt, ist es für den Naturfreund aber nicht ganz so wichtig zu wissen, welchen Käfer zum Beispiel er aus der Familie der Rüsselkäfer vor sich hat; vielmehr wird es genügen, daß in diesem ausgewählten Fall ein Rüsselkäfer vorliegt, der sich, wie alle seine Verwandten durch einige besondere Merkmale auszeichnet.

So hat sich dieses Bestimmungsbuch zur Aufgabe gemacht, durch Beschreibung und Abbildung typische Vertreter der wichtigeren Insektengruppen Mitteleuropas dem Naturfreund ein Hilfsmittel in die Hand zu geben, mit dem er die Gruppen ansprechen kann, ja sogar die dargestellten Arten erkennen kann. Es wurden nämlich hauptsächlich solche ausgewählt, die häufig und charakteristisch sind und somit dem Naturfreund als auffallende Erscheinungen entgegentreten.

Fotos geben einen lebendigen Eindruck von den Tieren, zeigen aber nicht immer alle für die Bestimmung wichtigen Merkmale. Deshalb sind in den Beschreibungen der einzelnen Arten unter Merkmale die wichtigsten Eigentümlichkeiten genannt, die die Arten kennzeichnen. Zusätzlich werden in den Grafiken besondere Kennzeichen dargestellt oder Zusammenhänge aus der Biologie illustriert, auch Abbildungen von ähnlichen Arten sind in Einzelfällen vorhanden.

Unter Vorkommen sind die geographische Verbreitung, aber auch die lokale in bestimmten Lebensräumen zusammengefaßt. Daneben wird die Jahreszeit genannt. Nicht immer sind Monate angegeben, sondern oft Jahresabschnitte, da das Klima ja wechseln kann.

Die Nahrung ist in vielen Fällen gesondert beschrieben, muß oft aber summarisch dargestellt werden. In vielen Fällen wird die Nahrung in den folgenden Abschnitt mit einbezogen, da sie nur in Verbindung mit Entwicklung und Lebensweise gesehen werden kann. Unter diesem Begriff finden sich entsprechende Daten und auch allgemeinere Bemerkungen, z. B. über die Funktion bestimmter Merkmale, über die Larven, ihren Körperbau und ihre Lebensweise sowie über Verwandtschaftsbeziehungen.

Die vorgestellten Gruppen und Arten tragen alle wissenschaftliche, auf dem lateinischen begründete Namen, während deutsche Benennungen oft fehlen oder nur als künstliche

Gebilde vorliegen. Andererseits kommen auch lokal verschiedene populäre Namen vor, die leicht zu Verwechslungen führen können. Es ist deshalb zweckmäßig, sich an die wissenschaftlichen Namen zu gewöhnen.
Die wissenschaftliche Namensgebung wurde von Carl von Linné begründet und besteht im Prinzip aus einem Doppelnamen, der sich aus Gattungs- und Artnamen zusammensetzt. Nahe verwandte Arten tragen den gleichen Gattungsnamen, sie gehören zur gleichen Gattung. Gattungen werden wiederum zu Familien vereinigt und verwandte Familien zu Ordnungen, wie sie in diesem Buch am Beginn jedes Arttextes vorgestellt werden. Die Ordnungen gehören schließlich zur Klasse der Insekten. Wir haben demnach die Reihenfolge Art – Gattung – Familie – Ordnung – Klasse. Der Artname wird immer klein geschrieben, alle anderen groß.
In den folgenden Abschnitten der Einführung werden der Körperbau der Insekten beschrieben, die grundsätzlichen Entwicklungstypen, und schließlich die größeren systematischen Gruppen durch ihre besonderen Merkmale charakterisiert. Die Reihenfolge entspricht den heutigen Vorstellungen über die Entwicklungshöhe der Ordnungen.

Der Bauplan der Insekten

Insekten oder Kerbtiere sind, wie die Namen besagen, durch deutliche Einschnitte in gegeneinander abgesetzte Körperteile gegliedert. Das erwachsene Tier ist in 3 Abschnitte geteilt: Kopf (Caput), Brust (Thorax) und Hinterleib (Abdomen), die bei den Entwicklungsstadien (Larven), nicht immer sicher erkennbar sind.
Der kapselförmige Kopf trägt die oft langen, ebenfalls gegliederten Fühler (Antennen) mit vielen Sinnesorganen für Tast- und Geruchssinn (Abb. S. 7). Dann gibt es die meist großen, zusammengesetzten Komplexaugen und daneben manchmal kleine Einzelaugen (Ozellen), die bei den Urinsekten meist die einzigen Augen sind, ebenso bei vielen Insektenlarven. Der Kopf trägt weiterhin mehrere Paare von Mundwerkzeugen, die sehr speziell ausgeformt sind (Abb. S. 7) und für das Erkennen der Ordnungen große Bedeutung haben. Die ursprünglichste Form ist beißend-kauend mit zwei Kauladen, die gegeneinander wirken. Zur Aufnahme flüssiger Nahrung wird ein leckend-saugender Apparat entwickelt, der hauptsächlich aus einem Rohr besteht. Schließlich gibt es noch den stechend-saugenden Typ, der neben dem Saugrohr noch einen Stechapparat besitzt. Diese verschiedenen Mundwerkzeuge können noch vielfältig modifiziert werden, aber auch bei der Larve ganz anders gebaut sein als bei dem erwachsenen Tier, der Imago.
Der Brustabschnitt besteht aus 3 Teilen, die auf der Bauchseite je 1 Beinpaar tragen. Die Beine sind gegliedert und bestehen hauptsächlich aus Hüfte (Coxa), Schenkel (Femur), Schiene (Tibia) und Fuß (Tarsus). Die Beine können in Einzelteilen rückgebildet sein oder völlig fehlen. Auch können sie bei den Larven anders geformt sein als bei der Imago und schließlich verschiedene Fortsätze in Form von Dornen, Spornen oder Klauen tragen.

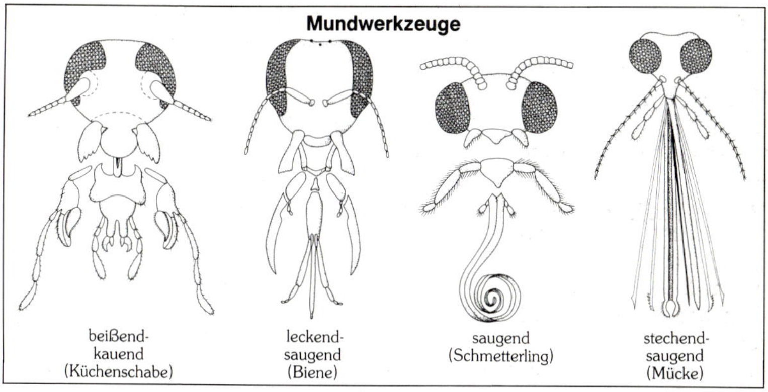

An den beiden hinteren Brustabschnitten entspringen bei den meisten Insekten 2 Flügelpaare, die aus einer dünnen Membran bestehen und durch Adern versteift sind, deren Anordnung für die Ordnungen der Insekten sehr typisch ist. Die Flügel sind oft gefärbt und tragen Haare oder Schuppen. Bei den Urinsekten gibt es keine Flügel, und die Larven der Insekten mit vollständiger Entwicklung (s. dort) sind ebenfalls flügellos. Bei den Larven jener Insekten mit unvollständiger Entwicklung hingegen sind die Flügelanlagen als kleine Stummel bereits äußerlich sichtbar.

Vorder- und Hinterflügel können sehr unterschiedlich geformt sein, wie bei den Käfern, wo die Vorderflügel zu harten Decken umgewandelt sind, während die Hinterflügel bedeutend größer sind und häutig bleiben. Bei den Fliegen sind die Hinterflügel zu kleinen Kölbchen umgewandelt, weswegen man hier von Zweiflüglern spricht. Im Lauf der Stammesentwicklung können die Flügel auch wieder zurückgebildet werden, und die Tiere sind dann flugunfähig. Die Lage der Flügel in Ruhestellung ist sehr unterschiedlich, oft über den Körper nach hinten gestreckt wie bei Heuschrecken und Zikaden, oder unter die harten Flügeldecken gefaltet wie bei Ohrwürmern und Käfern, oder flach ausgebreitet oder über dem Körper zusammengeklappt wie bei den Schmetterlingen.

Der Hinterleib besteht aus einer Reihe gleichförmiger Segmente, die zusammen eine Röhre bilden. Er ist entweder weich und wird dann von den harten Flügeldecken schützend bedeckt, oder er ist von harten Rükken- und Bauchplatten umgeben. Er

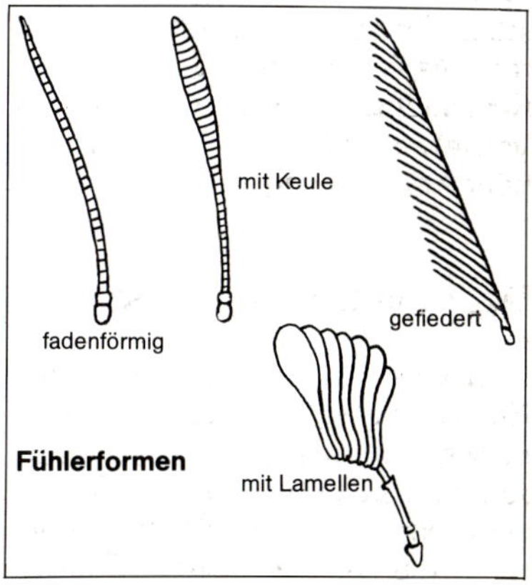

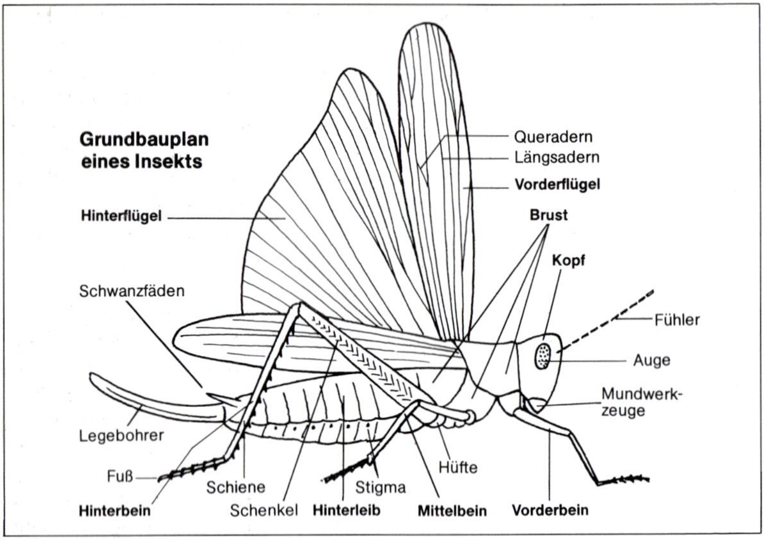

kann Haare oder Schuppen tragen. Am Körperende gibt es bei den primitiveren Insekten oft 2 oder 3 Schwanzfäden, einen mächtigen Legebohrer wie bei den Weibchen der Heuschrecken oder Greifzangen wie bei den Ohrwürmern. Bei den Wespenartigen ist der Legebohrer der Weibchen zu einem Giftstachel umgewandelt. Sonst ist der den weiblichen Insekten bei der Eiablage dienende Apparat (Ovipositor) im Körperinnern verborgen. Das gilt auch für den männlichen Geschlechtsapparat, der in der Regel als Klammerapparat arbeitet.

Im Körperinnern verborgen liegen Organe wie Magen-Darm-Trakt, Nervensystem in Form von Strängen auf der Bauchseite, ein großes Blutgefäß oder Herz auf der Rückseite, zahlreiche Muskeln und dünne Röhren (Tracheen), die von seitlichen Öffnungen (Stigmen) auf Brust und Hinterleib kommen, alle Organe im Körper umziehen und diese mit Atemluft versorgen. Dazu kommen die Geschlechtsorgane, die am Körperende ausmünden.

Die Haut der Insekten wird auf allen Körperteilen ganz oder in Abschnitten durch eine harte Kutikula verstärkt, die den Körper schützt, ihm die Form gibt und als Außenskelett Ansatz für die Muskulatur bildet. Diese verstärkte Haut besteht aus Chitin, einer der Zellulose ähnlichen Zuckerverbindung, und Sklerotin, einem gehärteten Eiweiß. Beide zusammen bilden sehr harte und widerstandsfähige, aber auch sehr leichte Strukturen, die im Verlauf der Evolution die mannigfaltigsten Formen und Funktionen annehmen konnten. Die Oberfläche der Kutikula wird schließlich von einer Wachsschicht überzogen, die wasserabweisend wirkt. Diese so stabile und nützliche Haut hat jedoch einen großen Nachteil. Einmal ausgebildet kann sie nicht mehr verändert werden, das heißt, sie kann nicht mehr wachsen. Wie dieses Problem im Verlauf des Wachstums eines Insekts gelöst wird, soll im folgenden Abschnitt behandelt werden.

Die Entwicklung der Insekten

Jede Entwicklungsreihe beginnt mit dem Ei, so auch bei den Insekten. Insekteneier haben sehr unterschiedliche Formen, oft erstaunliche Strukturen und Farben, die auch hier von einer Chitinhülle gebildet werden. Da sie meist sehr klein sind, findet man sie nur bei sorgfältiger Beobachtung.

Die aus dem Ei schlüpfende Larve ist natürlich sehr klein und beginnt nun bei reichlicher Nahrungsaufnahme ihr Wachstum. Bald aber hat sie die Grenzen ihrer nicht mitwachsenden Haut erreicht. Dem begegnet sie durch eine Häutung, sie streift die alte Haut ab, wobei eine darunter liegende größere zum Vorschein kommt und nun weiteres Wachstum erlaubt. Der Vorgang wiederholt sich, bis die Larve ihre volle Größe erreicht hat. Zwischen jeder Häutung liegt ein eigenes Larvenstadium, das manchmal ein ganz spezifisches Aussehen hat. Fast alle Arten weisen eine festgelegte Zahl von Häutungen auf, manchmal sogar mit Unterschieden bei den Geschlechtern.

Bei der Beschreibung der Flügel des fertigen Insekts wurden zwei Entwicklungstypen genannt: unvollständige (hemimetabole) und vollständige (holometabole) Verwandlung (Abb. S. 10). Erstere ist gekennzeichnet durch stetige Entwicklung auf das Vollinsekt hin, das heißt, daß bei jeder Häutung die Larve dem Vollinsekt ähnlicher wird. Hier erscheinen schon bald die Flügelanlagen als kleine Stummel und werden mit jeder Häutung größer. Auch die Mundwerkzeuge der Larve sind jenen des Vollinsekts sehr ähnlich und von gleicher Funktion, so daß dann auch die Nahrung der beiden Formen sehr ähnlich ist.

Die vollständige Verwandlung hingegen geht einen ganz anderen Weg. Hier verändert sich die Larve während des Wachstums außer der Größe nur wenig, sie sammelt vor allem Speichersubstanzen. Hat sie dann eine geeignete Größe erreicht, kommt es zur Verwandlung in ein Puppenstadium, das ganz anders aussieht als die Larve, keine Nahrung aufnimmt und auch kaum beweglich ist. Beispiele hierfür sind bei den Schmetterlingen abgebildet.

In dieser Puppe werden nun die nur für die Larve brauchbaren Organe abgebaut und zusammen mit der Speichersubstanz für den Aufbau des Vollinsekts verwendet. Ist dann in der Puppe das Insekt fertig entwikkelt, so sprengt es die Puppenhaut, häutet sich also nochmals, und schlüpft nun ins Freie. Die noch weichen, stark zusammengefalteten kleinen Flügel werden durch Blutdruck in den Adern zur vollen Größe ausgedehnt und erhärten an der Luft. Ebenso geschieht es mit allen anderen Körperteilen mit harter Oberfläche, die nun erhärten, wodurch sie funktionsfähig werden.

Der Begriff vollständige Verwandlung ist von den großen Unterschieden zwischen Larve, Puppe und Vollinsekt abgeleitet und bezieht sich nicht zuletzt auf die Verschiedenheit

Entwicklung

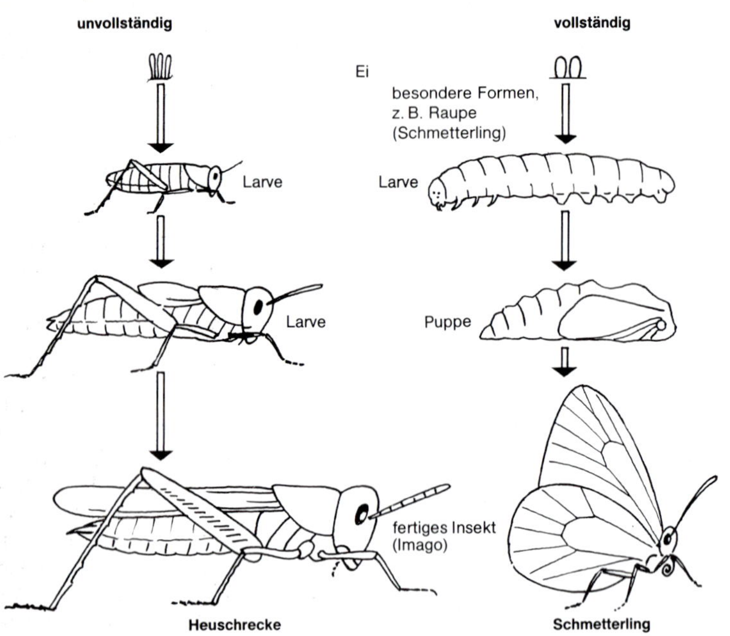

im Bau der Mundwerkzeuge und in der Nahrungsaufnahme von Larve und Vollinsekt. Man denke nur an Schmetterlinge, die als Larve Blattstückchen abbeißen, während der Falter Blütensaft saugt.

Bei den Urinsekten erfolgt die Entwicklung direkt, das heißt ohne besondere Larvenformen.

Im Klima unserer Breiten wird die Entwicklung durch den Winter zwangsläufig unterbrochen, während sie in den Tropen fortwährend weitergeht. Da alle Lebensvorgänge von der Temperatur abhängig sind, kommt es im Winter zu einer Ruhepause, in der fast alle Funktionen stillstehen. Praktisch alle Entwicklungsstadien der Insekten können überwintern, in der Regel ist aber bei jeder Art das Überwinterungsstadium festgelegt. Die Entstehung solcher Überwinterungsstadien wird im einfachsten Fall von den sinkenden Temperaturen im Herbst hervorgerufen. Bei höheren Insekten hingegen ist die abnehmende Tageslänge im Herbst Auslöser für die Bildung solcher Ruhestadien. Während im erstgenannten Fall die steigende Temperatur des Frühjahrs zum Widererwachen führt, kann die Winterruhe im zweiten Fall nur durch Einwirkung von Frost und dann folgenden Anstieg der Temperatur abgebrochen werden.

Je nach Entwicklungsgeschwindigkeit im Sommer kann eine Insektenart einmal oder mehrmals im Jahr erscheinen. Man spricht dann von einer oder mehreren Generationen. Diese können in Einzelfällen ganz unterschiedliches Aussehen haben, wie es beim Landkärtchen (S. 102) besonders deutlich zu sehen ist. Hier werden die verschiedenen Farben vor allem durch unterschiedliche Temperaturen während der Puppenentwicklung hervorgerufen.

Insektenlarven tragen nicht selten besondere Namen, da sie sehr verschiedenartig aussehen können (Abb. rechts). Die Unterschiede im Körperbau der Larven sind abhängig von der systematischen Stellung der Gruppe und von der Lebensweise. Im Wasser lebende Larven sehen anders aus als solche auf dem Lande, schon allein durch die Verschiedenartigkeit der Atmung. Ebenso verschieden sind pflanzenfressende Larven gegenüber räuberischen.

Am deutlichsten tritt das bei Käfern hervor, die fast alle Lebensweisen und Larvenformen aufzuweisen haben. Hier ist wohl die bekannteste Form der Engerling, eine Larve mit 3 Beinpaaren, dickem, gekrümmtem Körper und geringer Beweglichkeit. Diese Larve ist Pflanzenfresser.

Larven der Schmetterlinge nennt man Raupen, sie tragen neben den 3 Beinpaaren an der Brust noch 5 Beinpaare oder auch weniger am Hinterleib und bewegen sich »raupenartig« fort. Ähnlich sind die Larven der Blattwespen, die man Afterraupen nennt. Sie besitzen aber mehr als 5 Beinpaare am Hinterleib. Beide Gruppen sind Pflanzenfresser.

Schließlich gibt es noch Maden, beinlose Larven. Man findet sie bei Fliegen, Wespen und Käfern immer dann, wenn das Tier entweder in der Nahrung selbst lebt oder gefüttert wird. Letzteres findet man als »soziales« Verhalten nur bei den wespenartigen Insekten, die in dieser Hinsicht die höchste Entwicklungsstufe erreicht haben. Auch die bei uns nicht heimischen Termiten bilden soziale Staaten; ihre Larven besitzen aber Beine, sind beweglich und haben eine unvollständige Entwicklung.

Unter der Entwicklung sei schließlich noch der Parasitismus genannt. Es handelt sich um Insekten und vor allem um deren Larven, die an oder in lebenden Tieren leben und sich entwickeln. Hier sind besonders die Schlupfwespen zu nennen, die sich als Larven im Körperinnern anderer Larven, zum Beispiel von Schmetterlingen und Käfern, ernähren. Die Wirtslarve geht dabei zugrunde. Die erwachsene Schlupfwespe sticht mit ihrem Legebohrer durch die Haut des Wirts und bringt so das Ei in das Körperinnere. Andere parasitische Wespen, wie die Wegwespen, lähmen ihre Beute und legen das Ei außen auf den Körper.

Larvenformen

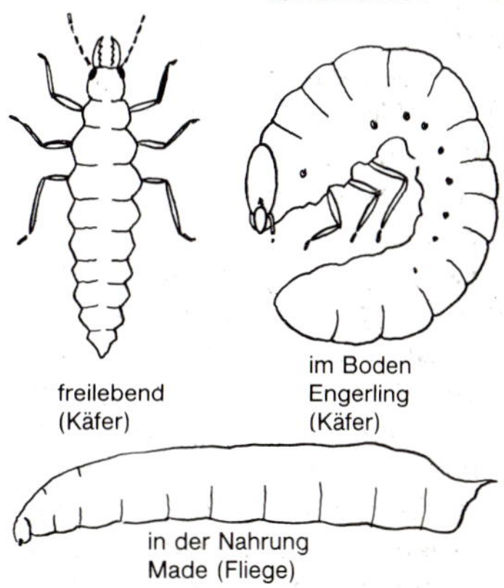

Beschreibung der Ordnungen

Ordnungsgruppe Urinsekten   Apterygota
Die Urinsekten sind kleine und kleinste Tiere, die in ihrer Entwicklungsgeschichte niemals Flügel besessen haben, mit kauenden Mundwerkzeugen, langen Schwanzfäden oder einer zum Bauch hin eingeklappten Sprunggabel, mit deren Hilfe weite Sprünge gemacht werden können. Die Verwandlung ist direkt, und die Larven sind kaum von den erwachsenen Tieren zu unterscheiden, da sie keine besonderen larvalen Merkmale aufweisen. Urinsekten leben am oder im Boden und können manchmal in ungeheuren Mengen auftreten. Die folgenden 2 Ordnungen zählen dazu.

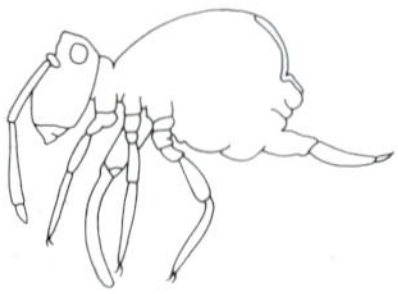

Ordnung Springschwänze   Collembola (S. 20)
Bis 10 mm lange Tiere mit Fühlern, einfach zusammengesetzten Augen, nur 6 Hinterleibsringen und einer auf die Bauchseite eingeklappten Sprunggabel, die bei Gefahr zum Springen benützt wird. Bodenbewohner von sehr verschiedener Gestalt.

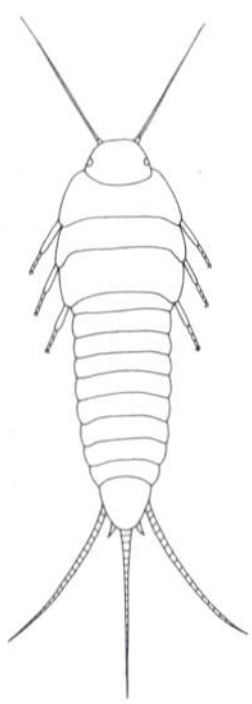

Ordnung Fischchen   Zygentoma (S. 20)
Höchstens 20 mm lange, nach hinten zugespitzte Tiere, die mit Schuppen bedeckt sind; mit langen Fühlern, kauenden Mundwerkzeugen und einfach zusammengesetzten Augen. Am Hinterleibsende gibt es 3 lange, fadenförmige Anhänge.

Ordnungsgruppe geflügelte Insekten   Pterygota
Im Gegensatz zu den Urinsekten tragen die Tiere Flügel, die aber sekundär wieder rückgebildet werden können. Die Entwicklung ist unvollständig oder vollständig. Alle nachstehend genannten Gruppen gehören hierzu.

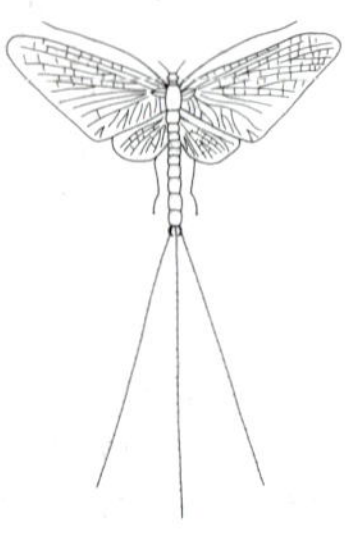

Ordnung Eintagsfliegen   Ephemeroptera (S. 22)
Von ähnlichen Gruppen durch die sehr kurzen Fühler zu unterscheiden. Vorderflügel groß, dreieckig, Hinterflügel klein oder fehlend, mit 2–3 langen Schwanzanhängen. Die Tiere sind zart gebaut, ohne besondere Farben; sie leben stets in Wassernähe, in dem sich die Larven entwickeln. Von allen anderen Insekten unterscheiden sich die Eintagsfliegen durch ein schon flugfähiges letztes Larvenstadium, das sich an Land nochmals häutet und erst dann das fertige Insekt ergibt. Rund 70 Arten in Deutschland.

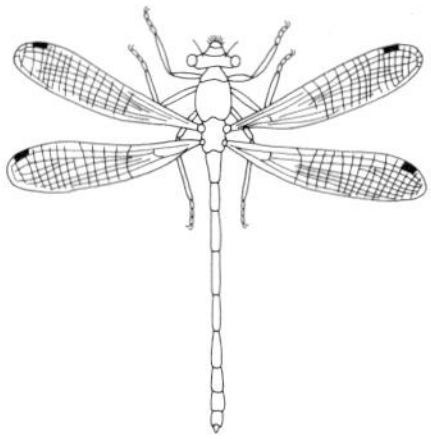

Ordnung Libellen Odonata (S. 24–32)
Meist große, bunte Insekten mit gleichförmigen, netzaderigen Flügeln, großen Augen, sehr kurzen Fühlern und einem langen, schlanken Hinterleib. Die Tiere sind Räuber, die ihre Beute im Flug fangen. Die Larven leben im Wasser und durchlaufen eine unvollständige Verwandlung. Auch sie leben räuberisch von verschiedenen Kleintieren. Ihre Mundwerkzeuge sind zu einer vorschiebbaren Greifzange umgewandelt.
Man unterscheidet zwei Gruppen, die Kleinlibellen (Wasserjungfern), Zygoptera (S. 24, 26), mit gleichartigen Flügelpaaren und die Großlibellen, Anisoptera (S. 28–32), mit breiteren Hinterflügeln. Bei ersteren werden die Flügel in Ruhe längs des Körpers gelegt, bei letzteren seitwärts ausgestreckt. Die Großlibellen sind die besseren Flieger. 79 Arten in Deutschland.

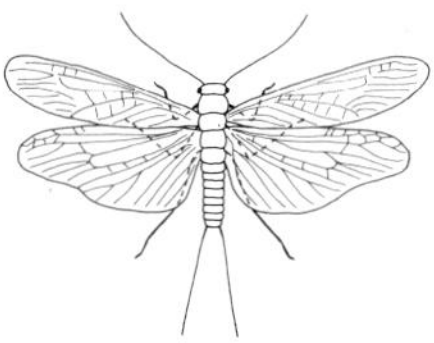

Ordnung Steinfliegen Plecoptera (S. 22)
Mittelgroße, unscheinbare Insekten mit annähernd gleichen, häutigen Flügeln, die in Ruhe flach über dem Körper zusammengelegt werden. Fühler lang und dünn, Mundwerkzeuge meist rückgebildet. Am Hinterleib meist 2 Schwanzfäden und dadurch von den ähnlichen Köcherfliegen und Netzflüglern zu unterscheiden. Man findet die Tiere immer in Wassernähe, besonders an Fließgewässern, wo sich die Larven entwickeln. Sie durchlaufen eine unvollständige Entwicklung, leben hauptsächlich von pflanzlicher Nahrung und bilden selbst eine wichtige Nahrung für Fische. Als sehr empfindliche Tiere sind sie ein wichtiger Anzeiger für die Reinheit der Gewässer. 112 Arten in Deutschland.

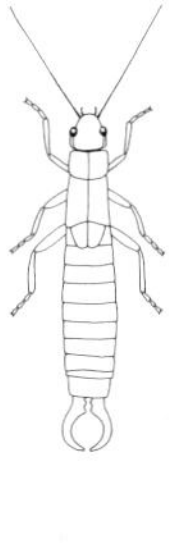

Ordnung Ohrwürmer Dermaptera (S. 40)
Langgestreckte Insekten von brauner Farbe, Vorderflügel stummelförmig kurz, am Hinterleib kräftige Greifzangen. Mundwerkzeuge kauend, Ernährung überwiegend pflanzlich; es werden aber auch Kleintiere gefressen. Die Tiere haben eine überwiegend nächtliche Lebensweise und können auch fliegen. Die Entwicklung ist unvollständig; die weiblichen Tiere treiben eine Art Brutpflege, die für die recht primitiven Insekten auffallend ist. 7 Arten in Deutschland.

Ordnung Fangheuschrecken Mantodea (S. 34)
Ähnlich den Heuschrecken, aber ohne Sprungbeine; dagegen sind die Vorderbeine zu Fangbeinen umge-

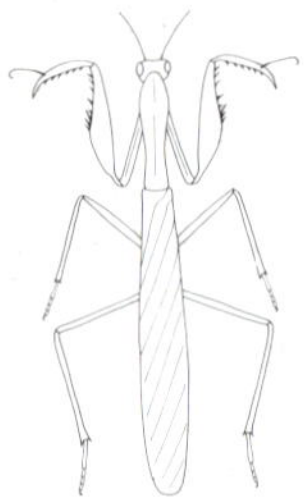

wandelt. Der Kopf ist sehr beweglich, mit kauenden Mundwerkzeugen. Sie leben räuberisch hauptsächlich von anderen Insekten. Die Entwicklung ist unvollständig. Hauptsächlich in den Tropen verbreitet; bei uns nur in warmen Gegenden in 1 Art.

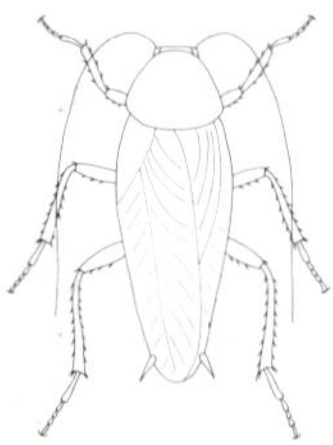

Ordnung Schaben Blattodea (S. 40)
Flach gebaute, mittelgroße Insekten mit flach übereinander gelegten, harten Vorderflügeln. Fühler lang, Mundwerkzeuge kauend, Hinterleib mit Anhängen. Alle Beine gleichförmig als Laufbeine entwickelt. Die Entwicklung ist unvollständig. Es sind Bodentiere mit vorwiegend nächtlicher Lebensweise. Sie ernähren sich von verschiedenen Abfällen, ebenso wie die Larven. Die Gruppe ist hauptsächlich in den Tropen verbreitet und kommt in Deutschland nur mit 16 Arten vor. Davon sind einige eingeschleppte Hausbewohner.

Ordnung Springschrecken Saltatoria (S. 34–38)
Wohlbekannte grillen- oder heuschreckenartige Tiere von meist ansehnlicher Größe und bunter Färbung. Mundwerkzeuge kauend, Augen ziemlich groß, Vorderbrust sattelförmig vergrößert. Die Hinterflügel sind breiter als die Vorderflügel, manchmal bunt. Besonders hervorzuheben sind die zu kräftigen Sprungbeinen umgewandelten Hinterbeine. Die Tiere können auf unterschiedliche Weise Töne erzeugen (s. unten). Die Entwicklung erfolgt unvollständig. In Deutschland 131 Arten. 3 Gruppen sind besonders hervorzuheben:

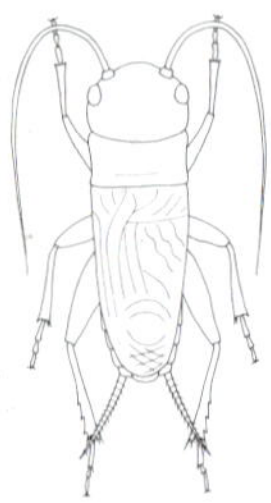

Familie Grillen, Gryllidae (S. 36). Ihr Körperbau ist abgeflacht breit, mit verkürzten Vorderflügeln, Hinterleib mit deutlichen Schwanzfäden. Die Tonerzeugung erfolgt durch Reiben der Flügel aneinander.

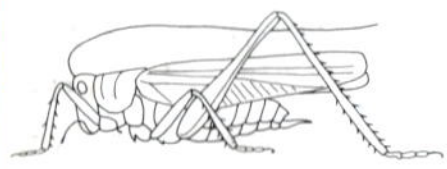

Familie Laubheuschrecken, Tettigoniidae (S. 34). Von Heuschreckengestalt, mit besonders langen, dünnen Fühlern. Auch sie erzeugen Töne durch Reiben der Flügel. Leben gerne auf Bäumen, oft nachts aktiv.

Familie Feldheuschrecken, Acrididae (S. 38). Heuschreckenartig, mit kurzen Fühlern. Töne werden durch Reiben der Hinterbeine an den Flügeln erzeugt. Leben am Boden und sind hauptsächlich am Tage aktiv.

Ordnung Läuse Phthiraptera (S. 124)
Kleine Tiere ohne Flügel; mit kräftigen, gekrümmten Klauen an den Beinen zum Festklammern am Wirtstier, an dem Blut gesaugt wird. Die Entwicklung erfolgt ebenfalls am Wirt.

Ordnungsgruppe Schnabelkerfe Hemiptera (S. 42–50)
Kleine bis große Insekten, immer mit stechend-saugenden Mundwerkzeugen, sonst aber von sehr unterschiedlichem Aussehen. Die Mehrzahl saugt Pflanzensäfte, eine geringere Zahl lebt räuberisch. Verwandlung unvollständig. In Deutschland rund 2400 Arten. Nach dem Flügelbau unterscheidet man 2 Ordnungen:

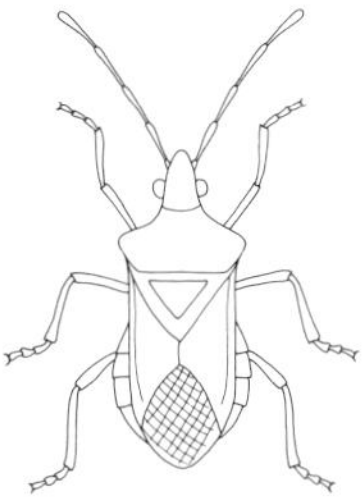

Ordnung Wanzen Heteroptera (S. 42–46)
Vorderflügel bis auf die Spitze, die häutig ist, lederig. Körper meist abgeflacht, oft bunt und von unterschiedlicher Form. Ernährung von Pflanzensäften oder räuberisch.

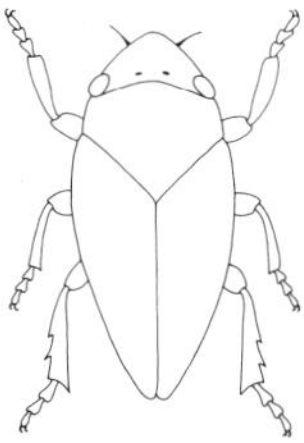

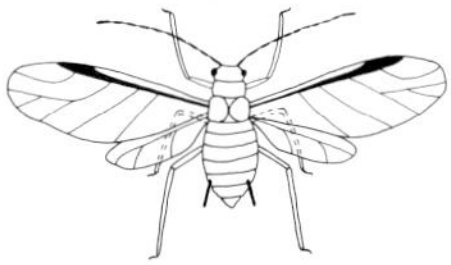

Ordnung Pflanzensauger Homoptera (S. 48–50)
Hierzu zählen die Zikaden und Pflanzenläuse, die heute oft als eigene Ordnungen betrachtet werden. Vorder- und Hinterflügel sind immer gleich, entweder glasig durchsichtig mit Adern bei einigen Zikaden und den Blattläusen oder ganz lederig und oft bunt bei den kleineren Zikaden. Bei bestimmten Blattlaus-Formen fehlen die Flügel ganz. Gegenüber den Wanzen sind die Arten dieser Gruppe auch gedrungener gebaut, meist mit rundem Körperquerschnitt. Im Gegensatz zu den Zikaden tragen die Blattläuse am Hinterleib kleine röhrenförmige Fortsätze. Alle aber sind reine Pflanzensauger, die nicht unerhebliche Schäden verursachen können. Große, laut singende Zikaden sind bei uns selten und hauptsächlich in den Tropen verbreitet.

Ordnungsgruppe Netzflügler Neuroptera (S. 50–54)
Tiere sehr verschieder Größe, mit häutigen Flügelpaaren, die von zahlreichen Längs- und Queradern durchzogen werden. Die Flügel werden in Ruhe dachartig über dem Körper zusammengelegt. Die Tiere besitzen lange Fühler. Von ähnlichen Gruppen durch Fehlen von Schwanzanhängen, langen Fühlern oder unbehaarten Flügeln zu unterscheiden. Die Verwandlung ist vollständig. Dazu gehören die 3 folgenden Ordnungen.

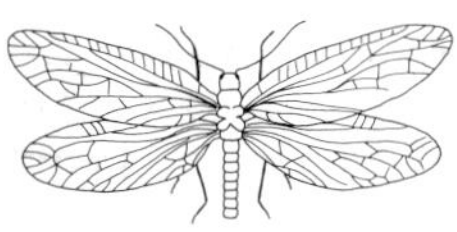

Ordnung Schlammfliegen Megaloptera (S. 50)
Große, dunkel gefärbte Tiere, die stets in Wassernähe vorkommen, da sich dort die Larven entwickeln. Von den anderen Netzflüglern unterscheiden sie sich durch die fehlenden Adergabelungen am äußeren Flügelrand. 3 Arten in Deutschland.

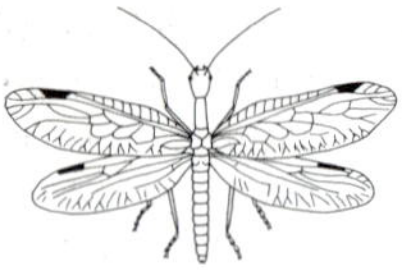

Ordnung Kamelhalsfliegen Raphidioptera (S. 52)
Kleinere Arten mit stark verlängerter Vorderbrust, die einen langen »Hals« bildet, mit kauenden Mundwerkzeugen. Die Larven leben räuberisch am Boden, in Rindenritzen und Bohrgängen im Holz. Bei uns 12 Arten.

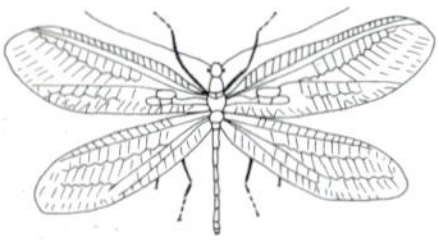

Ordnung Echte Netzflügler Planipennia (S. 52–54)
Die erwachsenen Tiere sind recht unterschiedlich gestaltet und gefärbt; allen gemeinsam aber sind die netzadrigen Flügel und die kauenden Mundwerkzeuge. Einheitlich gebaut sind hingegen die Larven, die sich von den anderen Netzflüglern durch Saugzangen als Mundwerkzeuge unterscheiden. Mit ihrer Hilfe wird die Beute ausgesaugt. Manche Arten leben im Wasser, andere haben an Land besondere Fangtechniken entwickelt. Von ähnlichen Arten anderer Ordnungen durch die erwähnten Merkmale zu unterscheiden. Etwa 100 Arten.

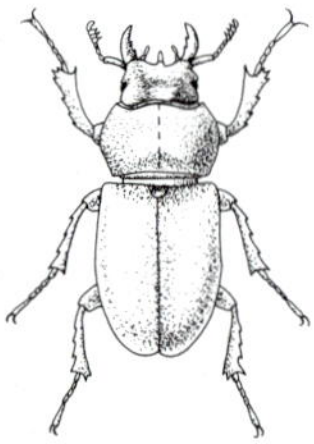

Ordnung Käfer Coleoptera (S. 56–76)
Insekten sehr unterschiedlicher Größe mit 2 Paar Flügeln, von denen das vordere immer hart oder lederig ist und nie überlappend getragen wird. Darunter werden die häutigen Hinterflügel eingefaltet. Mundwerkzeuge immer kauend, Entwicklung vollständig. Larven wie fertige Insekten zeigen die unterschiedlichsten Lebensweisen und ihre Nahrung ist sehr vielfältig. Sie haben fast alle Lebensräume der Erde besiedelt. Manche Arten haben verkürzte Flügeldecken und unterscheiden sich von ähnlichen anderen Insekten durch das Fehlen von Anhängen am Hinterleib. Man unterteilt die Käfer in viele Gruppen, die hier nicht einzeln behandelt werden können. Fast 6000 Arten in Deutschland.

Ordnung Hautflügler Hymenoptera (S. 78–90)
Insekten sehr unterschiedlicher Größe mit 2 häutigen Flügelpaaren mit wenigen Adern, kauenden oder lekkenden Mundwerkzeugen und vollständiger Verwandlung. Man unterscheidet 2 große Gruppen, je nach dem Vorhandensein der »Wespentaille«. Die Lebensweise ist sehr verschiedenartig, man findet hochspezialisierte soziale und parasitische Formen. Rund 10 000 Arten in Deutschland.

Unterordnung Blattwespen, Symphyta (S. 78). Gekennzeichnet durch das Fehlen der Wespentaille. Nahrung pflanzlich; Larven oft mit zahlreichen Beinen am Hinterleib und dann Afterraupen genannt.

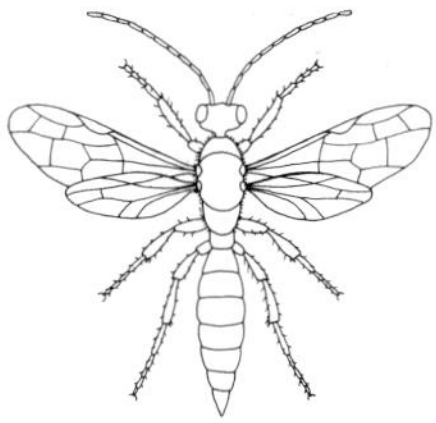

Unterordnung Wespenartige, Apocrita (S. 78–90). Gekennzeichnet durch eine ausgeprägte Wespentaille, Legebohrer oft zu einem Giftstachel umgewandelt, oft in Gemeinschaften lebend, sozial oder parasitisch. Manchen Formen fehlen die Flügel. Der Ernährung dienen Pflanzen, Pflanzensäfte oder Raubbeute. Larven madenartig, mit rückgebildetem Kopf und Beinen.

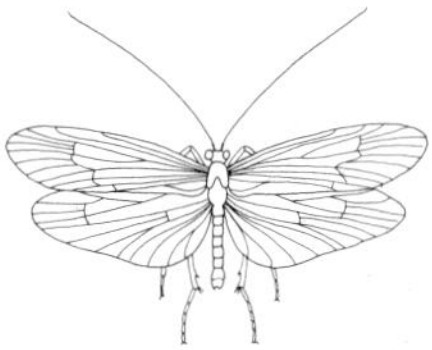

Ordnung Köcherfliegen Trichoptera (S. 92)
Meist mittelgroße Insekten mit häutigen Flügeln und wenigen Adern; die Flügel sind mit Haaren bedeckt. Durch die Haare und die wenigen Adern von anderen Ordnungen zu unterscheiden. Die Mundwerkzeuge sind schwach entwickelt und kauend. Die Tiere sind wenig auffallend gefärbt und halten sich meist in der Nähe von Gewässern auf, wo sie abends oder nachts aktiv sind. Die Larven leben überwiegend im Wasser in sehr charakteristischen Gehäusen, die von den Larven gebaut werden und die je nach Art mit unterschiedlichem Material bedeckt werden. Ihre Nahrung ist sehr verschiedenartig, es gibt auch räuberische Formen. Die Larven sind als Fischnahrung von Bedeutung. Rund 300 Arten in Deutschland.

Ordnung Schmetterlinge Lepidoptera (S. 94–114)
Wohlbekannte Insekten mit häutigen Flügeln, die mit bunten Schuppen bedeckt sind. Bei einigen Arten können diese Schuppen felderweise fehlen und dadurch glasige »Fenster« formen. Die Mundwerkzeuge bilden einen einrollbaren Saugrüssel, der zur Aufnahme von Blütensäften dient. Es gibt aber auch Arten, deren Rüssel rückgebildet ist. Einige unscheinbare kleine Arten, die Urmotten, kauen noch Blütenpollen. Die Fühler sind immer gut entwickelt und sehr vielgestaltig. Bei Nachtfaltern sind sie häufig verdickt, gezähnt oder gefiedert. Es handelt sich um Geruchsorgane, die dem Auffinden der Nahrung und der Geschlechtspartner dienen. In der Regel haben Tagfalter einfache Fühler, die am Ende kolbig verdickt sind. Ähnlich sind die Fühler aber auch bei den Widderchen. Die Entwicklung ist vollständig und verläuft über Raupe und Puppe, die Raupen sind Pflanzenfresser. Die Raupen können sehr unterschiedlich aussehen: nackt, mit Dornen oder vielen Haaren, meist aber recht bunt. Die Puppen hängen frei, liegen in einem Gespinst oder im Boden in einer Höhle. Etwa 4000 Arten in Deutschland.

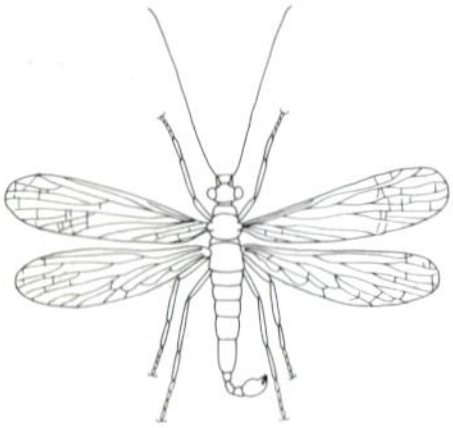

Ordnung Schnabelfliegen Mecoptera (S. 92)
Schmalflügelige Arten mit geringen Flügelzeichnungen. Ihr Kopf ist schnabelartig nach unten verlängert. Bei den Männchen der Skorpionfliegen ist das Hinterleibsende wie ein Skorpionstachel gebildet. Geäder netzartig und Fühler lang.

Ordnung Zweiflügler Diptera (S. 116–124)
Eine sehr charakteristische Gruppe, deren Hinterflügel zu kleinen, kolbenförmigen Organen umgewandelt sind, die Sinnesfunktionen haben. Die Mundwerkzeuge sind leckend-saugend oder stechend-saugend. Die Verwandlung erfolgt vollständig. Nach dem Fühlerbau als wichtiges Merkmal werden die Zweiflügler in 3 Unterordnungen eingeteilt, deren erste Mücken genannt wird, während die beiden folgenden als Fliegen bekannt sind. Rund 8000 Arten in Deutschland.

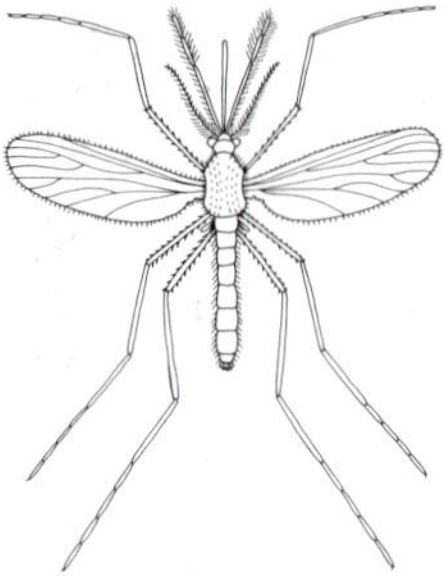

Unterordnung Mücken, Nematocera (S. 116–118). Charakteristisch sind lange, dünne Fühler, ein schlanker Körper und meist lange, dünne Beine. Die Lebensweise der Larven ist sehr verschieden, manche leben im Wasser, andere an Land, an oder in der Nahrung, einige erzeugen Gallen. Die Nahrung der erwachsenen Tiere ist ebenfalls sehr verschieden: Pflanzensäfte, Blut (dies gilt z. B. für die allbekannten Stechmücken) oder bei verkümmerten Mundwerkzeugen keine Nahrungsaufnahme mehr.

Unterordnung Fliegen, Brachycera und Cyclorrhapha (S. 120–124). Beide Gruppen sind einander sehr ähnlich, von typischer Fliegengestalt, und unterscheiden sich hauptsächlich durch die Art der Häutungen. Sie werden hier gemeinsam behandelt. Sie sind viel gedrungener gebaut als die Mücken und besitzen viel kürzere Fühler, sind auch viel bunter gefärbt und oft metallisch glänzend. Die Mundwerkzeuge sind leckend oder stechend-saugend, entsprechend ist die Nahrung unterschiedlich. Die Larven zeichnen sich durch rückgebildeten Kopf und Beine aus und werden Maden genannt. Ihre Lebensweise ist sehr verschiedenartig, meist am Land, teilweise aber auch im Wasser.

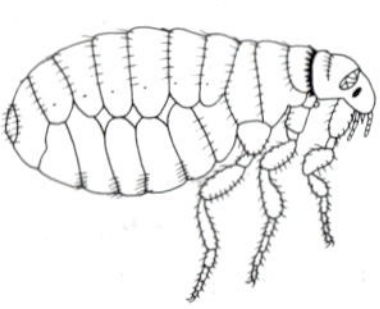

Ordnung Flöhe Siphonaptera (S. 124)
Kleine, seitlich zusammengedrückte Tiere ohne Flügel; mit kräftigen, hinteren Sprungbeinen. Sie saugen Blut an ihren Wirten, die Entwicklung erfolgt aber an anderer Stelle.

Naturschutz, Umweltschutz

Der Rückgang der Individuen- und Artenzahlen bei den Insekten ist allen aufmerksamen Beobachtern der Natur bekannt. Man ist sich heute weitgehend darüber einig, daß die Zerstörung der Umwelt, besser der speziellen Lebensräume, der Biotope, die Ursache dafür ist. Es handelt sich um Lebensstätten wie Feuchtgebiete, Moore, Trockenrasen, Heiden, Streuwiesen und ähnliches, die trokkengelegt, aufgeforstet oder sonst »bearbeitet« werden. Dazu gehören die Gewässer, die durch Abwässer der Industrie und Haushalte, aber auch durch die Überdüngung der Wiesen und Äcker zerstört werden.

Überdüngung der landwirtschaftlichen Flächen hat aber auch eine andere Wirkung: Sie verhindert das Wachstum wichtiger Kräuter, die Lebensgrundlage vieler Insekten sind. In den Feldern werden die Unkräuter zudem mit Herbiziden bekämpft, was den Verlust wichtiger Pflanzen im Naturhaushalt bedeutet.

Manche der oben genannten Biotope sind erst durch menschlichen Einfluß entstanden, etwa durch Beweidung, die heute nicht mehr stattfindet. Man sollte in solchen Gebieten Hilfsmaßnahmen ergreifen.

Um einen wirksamen Schutz einzelner Gebiete zu erreichen, muß man auch Argumente liefern können, die nur aus der Kenntnis des Artenbestands möglich sind. Es ist deshalb wichtig, daß ausreichende Beobachtungen gemacht werden. Dafür sind Sammler besonders geeignet und sollten auch unterstützt werden.

Der heutige Kenntnisstand über die Bedrohung unserer Tier- und Pflanzenwelt ist in dem Werk »Rote Liste der gefährdeten Tiere und Pflanzen in der Bundesrepublik Deutschland« zusammengefaßt. Hier werden die Arten nach ihrem Grad der Gefährdung oder Bedrohung eingeteilt. Die einzelnen Kategorien reichen von »potentiell gefährdet« über »gefährdet«, »stark gefährdet« und »vom Aussterben bedroht« bis »ausgestorben oder verschollen«.

Viele Rote-Liste-Arten sind heute neben anderen Arten durch das »Bundesnaturschutzgesetz« und die »Bundesartenschutzverordnung« unter Schutz gestellt. Bei den in diesem Buch beschriebenen Arten werden am Textende jeweils durch den Vermerk »geschützt« und die Nennung des Gefährdungsgrades (nach der Ausgabe der Roten Liste von 1984) Hinweise auf den oben genannten Status gegeben.

Vergleichbare Rote Listen und eine entsprechende Gesetzgebung gibt es in Österreich und der Schweiz.

Leider liegen nirgends Listen und Vorschriften zu schutzwürdigen Biotopen vor. Dem stehen Eigentumsrechte und Nutzungsrechte in land- und forstwirtschaftlichem Bereich, jagd- und fischereirechtliche Belange sowie viele andere gesetzlich festgeschriebene Rechte entgegen. Der zunehmende Freizeitwert ist darüber hinaus ein entschiedener Gegner unserer Natur und wird in nächster Zukunft noch erhebliche Probleme erzeugen.

Da diese Probleme weltweit miteinander verbunden sind und damit alle Menschen berühren, wird es in Zukunft notwendig sein, neue allgemein gültige Regeln zu finden, um das Leben allgemein, also Natur und Existenz des Menschen gemeinsam, zu schützen und damit zu erhalten.

Springschwanz

Orchesella-Art

Springschwänze, Collembola. **Merkmale:** Ein relativ lang gestrecktes Tier, das einen beschuppten und Behaarten Körper besitzt, 6-gliedrige Fühler, Punktaugen und eine Sprunggabel am Hinterleib. Das Tier ist deutlich hell und dunkel geringelt. Körperlänge 5 mm. **Vorkommen:** Springschwänze sind Bodentiere, sie leben unter der Laubstreu oder unter Rinden. Sie sind fast überall an geeigneten Stellen zu finden, selbst in Blumentöpfen. **Nahrung:** Modernde Pflanzen, Pilze und Algen. Dadurch sind sie für den Umsatz von Bodenstoffen von großer Bedeutung und gleichzeitig Anzeiger für die Vorgänge im Boden. **Entwicklung, Lebensweise:** Gewöhnlich überwintert das Ei, die Entwicklung läuft dann oft über bis zu 50 Häutungen; die Aktivität der Tiere kann sich aber auch über den Winter erstrecken.

Es gibt eine Menge verschiedener Arten, deren Körper sehr unterschiedlich geformt sein kann, von kugelig bis langgestreckt (vgl. Grafiken), manchmal ohne Punktaugen und Sprunggabel, die sonst charakteristisch ist. Sie ist gewöhnlich auf die Bauchseite eingeklappt; mit ihrer Hilfe können die Tiere wegspringen, wenn Gefahr droht.

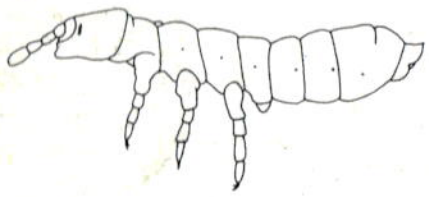

Onychiurus armatus

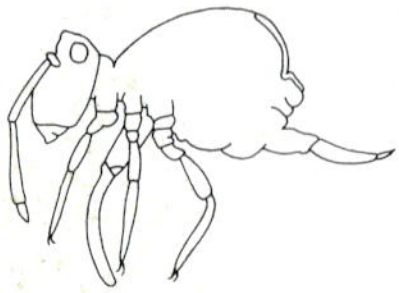

Dicyrtoma minuta

Silberfischchen

Lepisma saccharina

Silberfischen, Zygentoma. **Merkmale:** Der Körper ist abgeflacht, am Bruststück breit, nach hinten zugespitzt und ganz mit silbrigen, leicht abreibbaren Schuppen bedeckt. Fühler lang fadenförmig, Punktaugen vorhanden; am Hinterleibsende 3 fadenförmige Fortsätze. Körperlänge 7–10 mm. **Vorkommen:** Ein Kosmopolit, der bei uns in warmen Wohnungen lebt, besonders in feuchteren Räumen wie Bäder und Küchen, wo die Tiere nachts auf Nahrungssuche gehen. Sie fallen dabei manchmal in Badewannen oder Spülbecken und können sich daraus nicht mehr befreien. Man kann sie das ganze Jahr über finden. **Nahrung:** Stärkehaltige Stoffe, Kuchenkrümel, Zucker, Klebstoffe und ähnliches. **Entwicklung, Lebensweise:** Man sagt, daß die Tiere mehrere Jahre alt werden können. Sie legen nur relativ wenige Eier, aus denen Jungtiere schlüpfen, die den Elterntieren schon stark gleichen, also keine eigentliche Metamorphose durchlaufen, obwohl sie sich während ihres Lebens mehrmals häuten. Eine Paarung findet nicht statt, der Samen wird am Boden abgesetzt und dann vom Weibchen aufgenommen.

Eintagsfliege

Ephemera danica

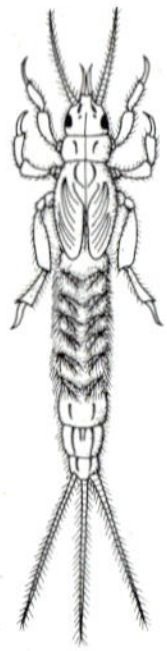

Larve

Eintagsfliegen, Ephemeroptera. **Merkmale:** Zierlich gebaute Tiere mit großen, dreieckigen, häutigen Vorderflügeln mit zahlreichen Adern und langen, dünnen Schwanzfäden. In Ruhe werden die Flügel über dem Rücken zusammengeklappt getragen. Die Mundwerkzeuge der erwachsenen Insekten sind verkümmert. Die im Wasser lebenden Larven tragen ebenfalls lange Schwanzfäden und besitzen am Hinterleib Tracheenkiemen (s. Grafik), durch die sie aus dem Wasser Sauerstoff aufnehmen. Körperlänge 11–24 mm. **Vorkommen:** Immer in der Nähe von Gewässern, die rein und fließend sein sollen (andere Arten leben auch in Stillgewässern); im Sommer in Mitteleuropa weit verbreitet. **Nahrung:** Die erwachsenen Tiere nehmen keine Nahrung zu sich, die Larven leben von Algen und Pflanzenabfällen. **Entwicklung, Lebensweise:** In 1–2 Jahren entwickeln sich die Larven nach mehreren Häutungen zu einer Sub-Imago, die schon ganz dem fertigen Insekt ähnelt und flugfähig ist. Nachdem diese Form an Land gekommen ist, häutet sie sich nach kurzer Zeit nochmals zum fertigen Insekt. Die Imagines bilden vor allem abends in großer Zahl Schwärme über dem Wasser, paaren sich und legen kurz danach über dem Wasser Eier ab. Die Lebensdauer beträgt nur wenige Stunden oder Tage und hat den Tieren den Namen eingetragen.

Steinfliege

Perla-Art

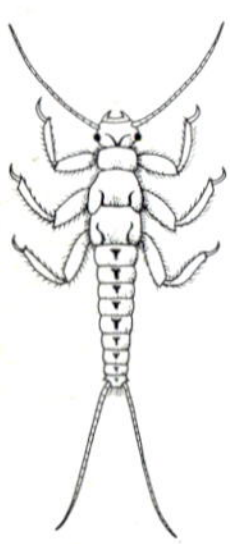

Larve

Stein- oder Uferfliegen, Plecoptera. **Merkmale:** Die unscheinbar gefärbten Tiere haben lange Fühler und 2, bei vielen Arten sehr kurze Schwanzanhänge am Hinterleib. Die Flügel werden flach über dem Körper zusammengelegt. **Vorkommen:** Man findet sie recht versteckt und träge lebend an den Ufern reiner, fließender Gewässer; früher weit verbreitet, heute aber mit der Wasserverschmutzung zurückgehend und diese anzeigend. Sie erscheinen überwiegend im Frühjahr, oft gleich nach der Schneeschmelze. Körperlänge bis 30 mm. **Nahrung:** Die erwachsenen Tiere haben verkümmerte Mundwerkzeuge und nehmen kaum Nahrung zu sich. Die Larven (s. Grafik) leben im Wasser von Algen, jagen aber auch nach Beute. **Entwicklung, Lebensweise:** Die Entwicklung dauert bis zu 3 Jahre; die Larve kriecht vor dem Schlüpfen der Fliege an Land. Alle Entwicklungsstadien bilden eine wichtige Fischnahrung, vor allem für Forellen. Die Tiere fliegen wenig, die Eiablage erfolgt aber im Flug, indem das Weibchen sein Hinterleibsende eintaucht und die Eier entläßt.

Gebänderte Prachtlibelle

Calopteryx splendens

Libellen, Odonata. **Merkmale:** Die Tiere sind gekennzeichnet durch die metallische Färbung von Körper und Flügeln , die beim Männchen in der Mitte ein breites blaues Band tragen, beim Weibchen hingegen ganz grünlich sind (vgl. Foto). Wie bei allen Kleinlibellen ist der Körper sehr dünn; er mißt knapp 50 mm in der Länge. **Vorkommen:** Im Flachland früher weit verbreitet und häufig an ruhig fließenden Flüssen und Kanälen mit höherer Vegetation an den Ufern. **Nahrung:** Die Libelle jagt fliegende Insekten; die Larve im Wasser kleinere Tiere. **Entwicklung, Lebensweise:** Die Entwicklung dauert meist 2 Jahre. Die Lebensdauer der Libelle ist auf etwa 2 Wochen begrenzt. Sie fliegt in einem recht langsamen, flatternden Flug im Sonnenschein über den Gewässern und ruht auch gerne auf der Vegetation.

Es gibt noch eine sehr ähnliche verwandte Art, die Blauflügel-Prachtlibelle (*C. virgo*), die Waldbäche bevorzugt und dort oft recht häufig ist. Bei ihr sind die Geschlechter ganz blau oder braun.

Beide Arten geschützt, gefährdet.

Gewöhnliche Binsenjungfer

Lestes sponsa

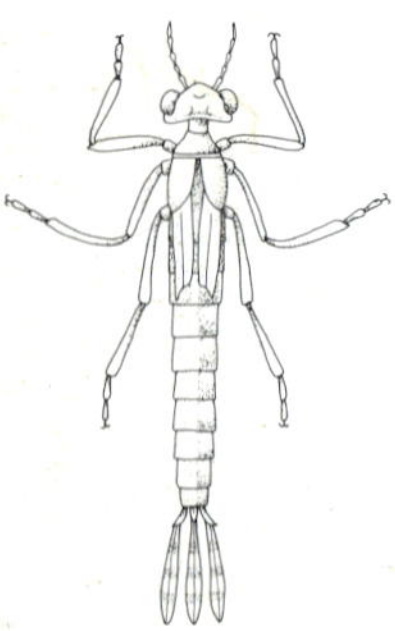

Larve

Libellen, Odonata. **Merkmale:** Flügel schmal, farblos, mit dunklen Stigmen und einem fein quatratisch geteilten Geäder. Der dünne Körper ist beim Männchen (s. Foto) metallisch grün und an den beiden vordersten und hintersten Segmenten blau bereift, beim Weibchen kupferfarben, unterseits mehr grau. Körperlänge 35 mm. **Vorkommen:** Um stille Gewässer verschiedenster Art, auch um Pfützen, Gartenteiche und Moorseen mit dichtem Pflanzensaum; manchmal auch weit entfernt von den Gewässern. Weit verbreitet und oft häufig. Von Juni bis Oktober findet man diese Kleinlibelle oft in größeren Gruppen zusammen. **Nahrung:** Wie bei allen Libellen sind die Imagines und Larven räuberisch. **Entwicklung, Lebensweise:** Die Imagines bilden zunächst ein Paarungsrad und fliegen dann im Tandem zur Eiablage (vgl. Foto oben und Grafik S. 26). Diese erfolgt ins Wasser, wobei beide Geschlechter an einem Halm kletternd unter Wasser tauchen können. Dabei werden Reihen von Eiern abgesetzt, die überwintern. Die Entwicklung der Larve (s. Grafik) erfolgt in wenigen Monaten. Im Gegensatz zu den schlanken Larven der Kleinlibellen sind die Larven der Großlibellen gedrungen, plump und besitzen keine Kiemenblättchen (s. Grafik S. 28). Es gibt einige sehr ähnliche Arten.

Geschützt.

Federlibelle

Platycnemis pennipes

Libellen, Odonata. **Merkmale:** Die Flügel dieser zierlichen Art sind farblos, mit Stigmen und von einem Geäder durchzogen, das quadratische Felder bildet, die größer als bei ähnlichen Arten sind. Die abgeflachten Schienen der Mittel- und Hinterbeine sind an den Seitenkanten mit Borsten besetzt, die wie Federn aussehen. Der dünne Hinterleib ist beim Männchen hellblau, beim Weibchen (s. Foto) hell, oft weißlich, und mit einer charakteristischen schwarzen Zeichnung versehen, die über den ganzen Rücken verläuft. Körperlänge 30–35 mm. **Vorkommen:** In Europa von Mai bis September an Seen und langsam fließenden Gewässern weit verbreitet und nicht selten, immer in deren nächster Umgebung. **Nahrung:** Kleine Insekten, die im Flug erbeutet werden. Die Larve fängt Kleintiere am Bodengrund zwischen Wasserpflanzen. **Entwicklung, Lebensweise:** Die Larve dieser Art überwintert im letzten Stadium, braucht also nur 1 Jahr für die Entwicklung. Die Imago schlüpft im folgenden Jahr aus.
Geschützt.

Hufeisen-Azurjungfer

Coenagrion puella

Paarungsrad

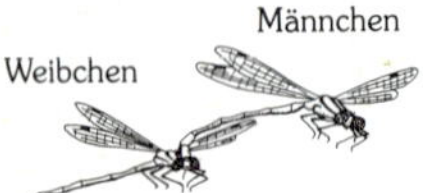

Tandem

Libellen, Odonata. **Merkmale:** Die Flügel sind farblos, mit Stigmen und einem groben Netz quatratischer Zellen. Der Körper des Männchens ist blau mit einer hufeisenförmigen schwarzen Zeichnung am Rücken des 2. Segments. Zum Hinterleibsende hin breitere schwarze Ringe. Die Färbung des Weibchens ist blasser, grünlich bis bräunlich (vgl. Foto). Körperlänge 35 mm. **Vorkommen:** In der Nähe von fast allen stehenden Gewässern, weit verbreitet; von Mai bis August, oft häufig; bis zur Baumgrenze. **Nahrung:** Wie bei allen Libellen fliegende Kleintiere. Die Larve ernährt sich von Kleintieren am Bodengrund. **Entwicklung, Lebensweise:** Zur Paarung wird ein Paarungsrad gebildet und die dann folgende Eiablage wird im Tandemflug ausgeführt, wobei das Männchen mit seiner Hinterleibszange das Weibchen im Nacken festhält (s. Grafik). Diese taucht bei der Eiablage nicht unter Wasser. Die Entwicklung kann bei höheren Temperaturen schon in wenigen Monaten abgeschlossen sein. Es gibt noch 6 andere Arten dieser Gattung in Mitteleuropa, die oft schwer zu unterscheiden sind.
Geschützt.

Blaugrüne Mosaikjungfer

Aeshna cyanea

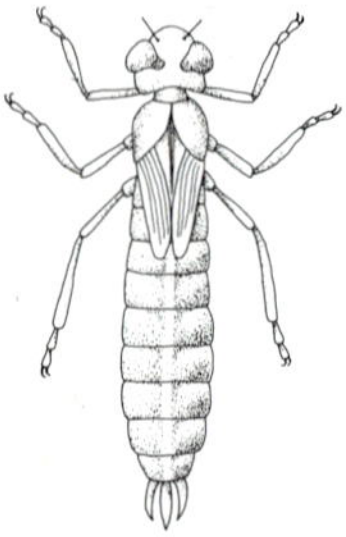

Larve

Libellen, Odonata. **Merkmale:** Körper lang und dünn, aber kräftiger als bei den Wasserjungfern, von gelbgrüner und blauer Farbe, mit schwarzen Zeichnungen. Die Flügel sind glasig mit kleinen dunklen Fleckchen nahe der Spitze. Körperlänge bis 80 mm. Die grün oder blau glänzenden Augen sind sehr groß und stoßen in Kopfmitte zusammen. **Vorkommen:** Weit verbreitet an stillen Gewässern, in denen die Larven leben. Die Libellen selbst findet man oft weitab davon, wo sie stundenlang in Lauerstellung fliegend in Waldschneisen und dergleichen auf Beute warten. Man findet sie von Juni bis Oktober. **Nahrung:** Libelle und Larve sind große Räuber, die sich aufgrund ihrer Größe auch an bedeutendere Beute wagen. **Entwicklung, Lebensweise:** Entsprechend der Größe des fertigen Insekts brauchen die Larven (s. Grafik) sehr viel Nahrung und benötigen, abhängig von der Temperatur der Umgebung, oft mehrere Jahre für die Entwicklung. Die fertige Larve klettert dann ans Ufer, meist einen Halm oder Zweig empor, wo die Libelle schlüpft und sich mit den Beinen an die Larvenhaut klammert. In die noch sehr kleinen, zusammengefalteten Flügel wird durch die Adern Blut eingepreßt und die Flügel zu voller Größe ausgedehnt. Geschützt.

Große Königslibelle

Anax imperator

Libellen, Odonata. **Merkmale:** Eine der größten Libellenarten Mitteleuropas. Sie zeichnet sich durch ausgeprägte Geschlechtsunterschiede aus; das Männchen (s. Foto) hat einen leuchtend blauen Hinterleib mit dunklen Zeichnungen, während der Hinterleib des Weibchens grün und braun gefärbt ist. Die Flügel sind farblos mit einem feinen, netzartigen Geäder; lediglich vor den Flügelspitzen gibt es schmale, dunkle Flecken. Die großen Augen und der Vorderteil des Bruststücks sind grünlich gefärbt. Körperlänge 70–80 mm, Flügelspannweite über 100 mm. **Vorkommen:** Im Sommer ist diese Libelle nicht selten, oft auch weit ab den Gewässern, in denen sich die Larve entwickelt. Man findet sie in Waldschneisen ebenso wie in Siedlungen. **Nahrung:** Als Räuber fängt sie ihre Beute mit großem Geschick im Flug, meist kleine Insekten. **Entwicklung, Lebensweise:** Ihre Eier legt sie in ruhige Gewässer an Wasserpflanzen; die Larven entwickeln sich über den Winter hin bis zum Schlüpfen der Imago im folgenden Jahr. Sie sind gefräßige Beutefänger, die alle größenmäßig passenden Wassertiere fangen und verzehren. Geschützt.

Vierflecklibelle
Libellula quadrimaculata

Libellen, Odonata. **Merkmale:** Auffallendstes Merkmal dieser Art sind 2 dunkle Flecken am Vorderrand eines jeden Flügels, auf jeder Seite also 4. Der Körper, der bis zu 50 mm lang werden kann, ist flachgedrückt und breiter als bei anderen Libellen, braun mit helleren Seiten, zum Körperende hin schwärzlich. Männchen und Weibchen sind ähnlich gefärbt. **Vorkommen:** Die Art ist an ruhigen Gewässern weit verbreitet und häufig. Sie fliegt von Mai bis August und ist bekannt dafür, daß sie in größerer Zahl wandert. **Nahrung:** Wie alle Libellen ist auch diese in allen Entwicklungsstadien ein Räuber. Die Libelle selbst fängt fliegende Insekten, auf die sie im Röhricht sitzend lauert. **Entwicklung, Lebensweise:** Die Larve lebt in der Vegetation am Boden von Gewässern und braucht 2–3 Jahre zu ihrer Entwicklung. Die dann schlüpfende Libelle hat eine recht lange Lebensdauer von mehreren Wochen und fliegt auch weit umher. Nachts und bei schlechtem Wetter ruht sie gut versteckt im Gebüsch und ist deshalb selten zu sehen.
Geschützt.

Plattbauch
Libellula depressa

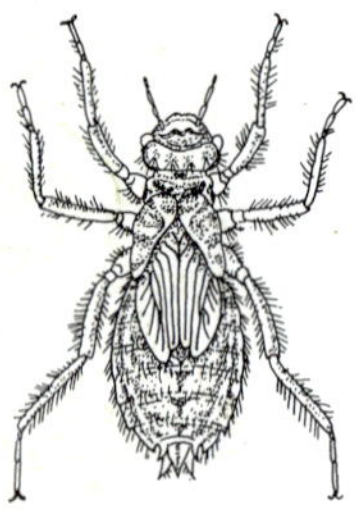

Larve

Libellen, Odonata. **Merkmale:** Diese Libellenart ist besonders durch ihren breiten und flachen Hinterleib ausgezeichnet, der ihr den Namen gegeben hat. Hier unterscheiden sich die Geschlechter durch die Färbung des Körpers, der beim Männchen blau und an den Seiten gelb gefärbt ist (s. Foto), beim Weibchen braun und ebenfalls gelb an den Seiten. Die sonst farblosen Flügel zeigen neben dem dunklen Stigmenfleck vor der Flügelspitze deutliche dunkelbraune Flecken an der Basis. Körperlänge 40–45 mm, Spannweite 70–80 mm. **Vorkommen:** Meist in der Nähe kleiner, stiller Gewässer von Mai bis August; nicht selten und weit verbreitet. **Entwicklung, Lebensweise:** Die Larven der Plattbauch-Libelle (s. Grafik) sind recht breit und gedrungen. Sie leben am Gewässerboden und überwintern in der Regel zweimal, bevor die Imagines schlüpfen. Sie benötigen also eine längere Zeit für ihre Entwicklung als die meisten anderen Libellenarten. Beim Austrocknen ihrer meist recht kleinen Brutgewässer können die Larven in einen Ruhezustand verfallen, der bei erneuter Wasseransammlung wieder aufgehoben wird.
Geschützt.

Blaupfeil

Orthetrum cancellatum

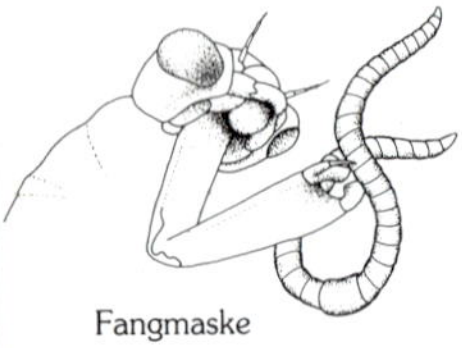

Fangmaske

Libellen, Odonata. **Merkmale:** Flügel nur mit einem dunklen Fleck nahe der Spitze und ohne Dunkelfärbung an der Wurzel. Der Hinterleib ist beim Männchen blau mit schwarzem Ende (s. Foto), beim Weibchen bräunlich mit gelben Monden an den Seiten. Die Körperlänge beträgt rund 40 mm. **Vorkommen:** Nicht selten in der Nähe ruhiger Gewässer im ganzen Gebiet. **Nahrung:** Fliegende Insekten, die im Flug gefangen werden. Die Larve lebt in der Vegetation am Boden der Gewässer. Mit ihren – wie bei allen Libellenlarven – weit vorschnellbaren Mundwerkzeugen, der sogenannten Fangmaske (s. Grafik), fängt sie Würmer, Insektenlarven und andere Beute. **Entwicklung, Lebensweise:** Die Entwicklung kann sich über mehrere Jahre hinziehen, abhängig vom Nahrungsangebot und der Temperatur des Gewässers. Nach dem Schlüpfen jagt die Libelle in eigenartigem Flug, nach einigen Flügelschlägen wird eine Segelflugstrecke eingelegt. Man hat der Gruppe, zu der die Arten auf den Seiten 30 und 32 gehören, den Namen Segellibellen gegeben.
Geschützt.

Blutrote Heidelibelle

Sympetrum sanguineum

Libellen, Odonata. **Merkmale:** Eine unserer mittelgroßen Libellen. Das Männchen besitzt einen leuchtend roten Körper (s. Foto), das Weibchen ist dagegen bräunlich gefärbt. Die Art unterscheidet sich von anderen, sehr ähnlichen durch die ganz schwarzen Beine. Körperlänge 35–40 mm. **Vorkommen:** Alle Heidelibellen fliegen ziemlich spät im Jahr, erst ab Juli und bis in den Oktober hinein. Sie sind nicht selten um stehende Gewässer und weit verbreitet. **Entwicklung, Lebensweise:** Die Eier, die oft erst im Oktober abgelegt werden, überwintern; im folgenden Jahr entwickelt sich die Larve über zahlreiche Häutungen zur Imago. Die kurze Paarung erfolgt in der Luft, die darauf folgende Eiablage in Tandemstellung (s. Grafik S. 26), wobei das Männchen mit seiner Greifzange am Hinterleibsende das Weibchen im Nacken festhält. Dabei handelt es sich wohl um eine Absicherung des Weibchens vor Fremdbegattung. Diese Methode wird von vielen Libellen praktiziert. Eine Besonderheit bei dieser Artengruppe besteht darin, daß sich die Geschlechtspartner der sehr ähnlichen Arten erst durch Abtasten der Geschlechtsorgane erkennen können und so Fehlpaarungen vermeiden.
Geschützt.

Gottesanbeterin
Mantis religiosa

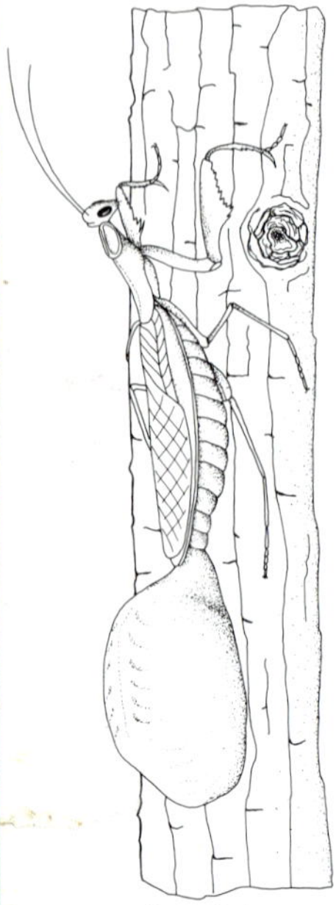

Imago beim
Ablegen des Eikokon

Fangheuschrecken, Mantoptera. **Merkmale:** Heuschreckenähnliche Tiere, die aber keine Sprungbeine besitzen. Dagegen sind die Vorderbeine zu Fangbeinen umgewandelt. Schiene und Schenkel sind auf der Innenseite mit Dornen versehen und können wie ein Taschenmesser zusammengeklappt werden. Durch Vorschnellen der langen Beine wird die Beute ergriffen. Die Vorderbrust ist halsartig verlängert. Der daran sitzende Kopf ist sehr beweglich und wird oft gedreht, wodurch der Blickwinkel der großen Augen noch bedeutend erweitert wird. Die Flügel werden in Ruhe flach über dem Körper zusammengeklappt, wobei die größeren Hinterflügel eingefaltet werden. Man findet sowohl grüne wie braune Tiere. Körperlänge bis 50 mm. Die größeren Weibchen sind an ihrem dicken Körper zu erkennen (s. Foto). **Vorkommen:** Die wärmeliebende Art ist bei uns nur an wenigen Stellen zu finden, zum Beispiel am Kaiserstuhl; in Südeuropa hingegen ist sie stellenweise häufig und findet sich in Gebüschen und an Waldrändern. **Nahrung:** Larven und Imagines leben räuberisch und ernähren sich vor allem von anderen Insekten. **Entwicklung, Lebenweise:** Die Eier werden in Klumpen abgelegt und mit einem Sekret bedeckt (s. Grafik). Die Larven entwickeln sich rasch zum fertigen Insekt. Die Tiere lauern bewegungslos auf Beute und ergreifen diese blitzschnell.
Geschützt, vom Aussterben bedroht.

Großes grünes Heupferd
Tettigonia viridissima

Springschrecken, Saltatoria. **Merkmale:** Große, grüne Laubheuschrecke mit langen Fühlern; Weibchen (s. Foto) mit langem, säbelförmigem Legebohrer. Die Hinterbeine sind zu langen Sprungbeinen umgewandelt. Die Flügel werden in Ruhe über dem Körper seitlich zusammengelegt und sind länger als der Körper, bis 55 mm. **Vorkommen:** Weit verbreitet und nicht selten an Büschen, Bäumen und hoher Vegetation. Die erwachsenen Tiere findet man von Juli an. **Nahrung:** Larven und erwachsene Tiere ernähren sich von kleinen Tieren. **Entwicklung, Lebensweise:** Die Eier überwintern, und erst danach beginnt die Entwicklung, die im Sommer abgeschlossen ist. Man hört dann die Gesänge der Männchen, die durch Aneinanderreiben der Flügel erzeugt werden. Kommt ein Weibchen in die Nähe des Männchens, so wird der Gesang gewechselt; man hört nun den Werbegesang. Das Weibchen legt nach der Paarung die Eier in den Boden oder in Spalten und benützt dazu den Legebohrer.

Feldgrille
Gryllus campestris

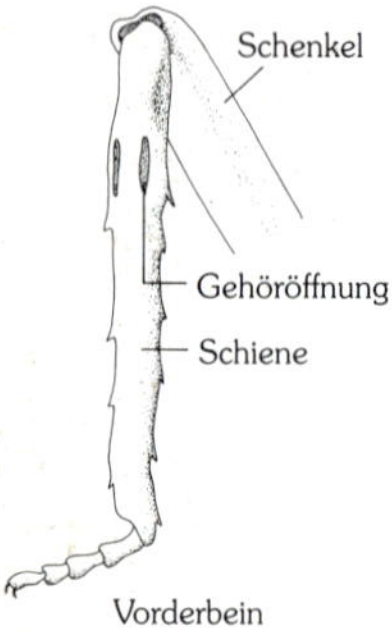

Springschrecken, Saltatoria. **Merkmale:** Glänzend schwarz, mit breitem, rundem Kopf und langen Fühlern. Die Flügel werden über dem Rücken flach zusammengelegt. Hinterbeine zu Sprungbeinen verstärkt, aber nicht so lang wie bei Heuschrecken. Körperlänge 22 mm. **Vorkommen:** Im ganzen Gebiet weit verbreitet und nicht selten auf Grashängen und Feldrainen. Die erwachsenen Tiere findet und hört man im Frühjahr. **Nahrung:** Larven und erwachsene Tiere ernähren sich hauptsächlich von Pflanzen. **Entwicklung, Lebensweise:** Grillen leben nächtlich und sind tagsüber in Höhlen versteckt, die sie selbst graben. Die Larven überwintern, und die erwachsenen Tiere erscheinen daher schon im Frühjahr. Sie erzeugen mit ihren Flügeln, die sie aneinander reiben, die so charakteristischen Töne, um die Weibchen anzulocken. Ihr Gehörorgan liegt in einer Erweiterung im Vorderbein (s. Grafik). Grillengesang hört man nur bis Ende Juni, alle später singenden Tiere gehören zu den Heuschrecken.

Maulwurfsgrille, Werre
Gryllotalpa gryllotalpa

Springschrecken, Saltatoria. **Merkmale:** Die Art ist durch ihre Größe und Körperform unverwechselbar. Sie ist gedrungen und kräftig gebaut, mit mächtigem Halsschild, eingefalteten, am Ende zugespitzten Flügeln, 2 Fortsätzen am Hinterleib und mächtigen, verbreiterten und an den Kanten mit Dornen versehenen Vorderbeinen. Die Fühler sind dagegen etwas kürzer als bei den echten Grillen. Körperlänge 35–50 mm. **Vorkommen:** In wärmeren Lagen in offenem, etwas feuchtem Gelände wie Wiesen, Gärten und Äcker. Dort sind sie oft nicht selten, aber nur zu bestimmten Zeiten zu beobachten. **Nahrung:** Meist kleine Tiere, beim Graben können sie aber Pflanzenwurzeln zerstören und dadurch Schäden anrichten. **Entwicklung, Lebensweise:** In der Regel leben sie in selbst gegrabenen Gängen im Boden, kommen aber zur Paarungszeit im Frühsommer an die Oberfläche und können in der Dämmerung auch herumfliegen. Ihre Eier legen sie unterirdisch ab, und die Entwicklung bis zur Imago dauert 2 Jahre. Ebenso lange kann auch die Imago leben. Die Überwinterung kann also als Larve und Imago erfolgen. Es gibt nur diese eine Art bei uns.

Schnarrheuschrecke

Psophus stridulus

Springschrecken, Saltatoria. **Merkmale:** Die Fühler dieser Feldheuschrecke sind sehr viel kürzer als die der Laubheuschrecken und Grillen; die Flügel ebenfalls, sie überragen den Hinterleib nicht. In Ruhestellung ist das Tier ausgezeichnet getarnt, da es unscheinbar graubraun fleckig gefärbt ist. Die in Ruhe verborgenen Hinterflügel sind rot gefärbt und leuchten auf, wenn das Tier abfliegt. Dazu erzeugt das männliche Tier beim Fliegen laute, schnarrende Geräusche. **Vorkommen:** Auf warmen Böden, besonders auf Heiden nicht selten und daher im Süden häufiger. Sommer bis Herbst. **Nahrung:** Larve und erwachsenes Tier leben von Pflanzen. **Entwicklung, Lebensweise:** Die Entwicklung erfolgt wie bei den anderen Heuschrecken. Es handelt sich um Bodentiere, die aufgeschreckt plötzlich abfliegen und den Schreckeffekt druch die roten Flügel, die unerwartet erscheinen, und bei den Männchen durch die schnarrenden Geräusche verstärken. Die Töne der Feldheuschrecken werden durch Reiben der Hinterbeine an den Flügeln erzeugt. Sie hören mit Organen, die am Hinterleib sitzen (s. Grafik). Auch die weiblichen Tiere können Töne erzeugen, die sich aber von jenen der Männchen unterscheiden. Man kann mit einiger Übung die verschiedenen Heuschreckenarten an ihrem Gesang erkennen.
Geschützt.

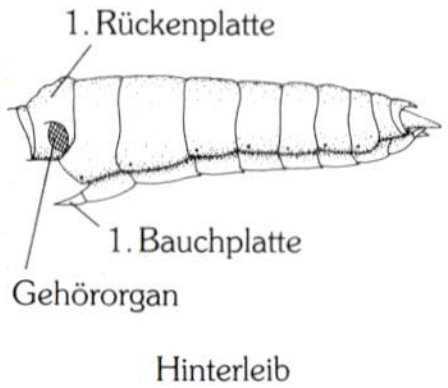

Wiesengrashüpfer

Chorthippus dorsatus

Springschrecken, Saltatoria. **Merkmale:** Die vielen kleinen als Grashüpfer bezeichneten Feldheuschrekken, die bei uns vorkommen, sind nicht leicht zu bestimmen, gehören aber zu den häufigen Arten, die bei uns in offenem Gelände vorkommen. Diese Art hier ist gekennzeichnet durch die fast gerade, seitliche Kante am Brustschild und durch die Flügel, die stets über das Hinterleibsende ragen. Die Färbung der Art dagegen ist recht variabel und kann zwischen einer veränderlichen Verteilung von Grün und Braun liegen. Körperlänge Männchen 14–18 mm, Weibchen 19–25 mm. **Vorkommen:** Mehr in feuchten Gebieten, aber auf offenem Gelände. Juli bis September. Die Art ist dort nicht selten. **Entwicklung, Lebensweise:** Die Eier der Feldheuschrecken überwintern, und im folgenden Frühjahr wachsen die Larven nach mehreren Häutungen zu Imagines heran. Ihre Nahrung besteht hauptsächlich aus Gräsern. Die Feldheuschrecken haben keinen Legebohrer, sondern benützen kurze Fortsätze am Hinterleibsende zum Einbohren ihrer Eier in den Boden.

Waldschabe

Ectobius sylvestris

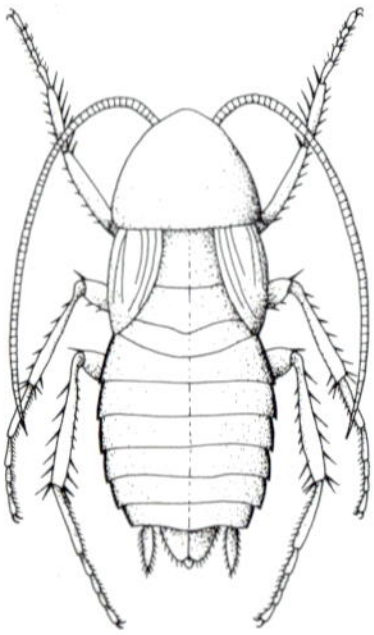

Küchenschabe

Schaben, Blattoptera. **Merkmale:** Schaben sind abgeflachte Tiere von ovalem Umriß, mit langen Fühlern und gleichförmigen Laufbeinen. Sie erinnern sehr an Käfer, können aber durch die Körperanhänge unterschieden werden. Ihre Farbe ist zumeist unscheinbar bräunlich. Körperlänge (*E. sylvestris*) 10 mm. **Vorkommen:** Am Boden in Wäldern, die abgebildete Art besonders in Bergwäldern. **Nahrung:** Pflanzliche Stoffe, oft abgestorbene Teile. Die in Häusern lebenden Arten (s. u.) hingegen sind lästig oder schädlich an Vorräten. **Entwicklung, Lebenweise:** Schaben führen eine nächtliche Lebensweise und halten sich tagsüber versteckt. Mit Hilfe ihrer kräftigen Beine laufen sie sehr schnell und gewandt umher. Die Eier werden in einem Kokon abgelegt und oft einige Zeit vom weiblichen Tier herumgetragen. Die Larven sind den erwachsenen Tieren bis auf die kurzen Flügelanlagen sehr ähnlich.

Die Küchenschabe (*Blatta orientalis*) ist heute fast weltweit verbreitet, schwarz glänzend und bis 30 mm lang. Die Weibchen (s. Grafik) besitzen lediglich kurze Flügelstummel. Bei uns ist sie nur in Gebäuden zu finden, da sie Wärme braucht; besonders in Backstuben und ähnlichen Räumen.

Gewöhnlicher Ohrwurm

Forficula auricularia

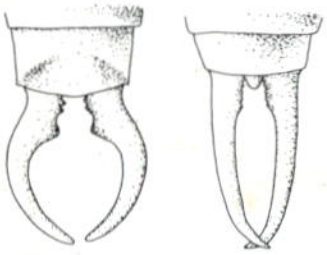

Männchen Weibchen

Ohrwürmer, Dermaptera. **Merkmale:** Kleinere, langgestreckte, braune Tiere mit nur kurzen Flügeldecken, die sich nicht überlappen. Am Körperende eine kräftige Greifzange, die bei den Männchen stärker gekrümmt ist als bei den Weibchen (s. Grafik). Die häutigen Hinterflügel sind stark eingefaltet unter den Flügeldecken verborgen und werden mit Hilfe der Greifzangen ausgebreitet. Fühler lang und dünn. Körperlänge bis 14 mm. **Vorkommen:** Weit verbreitet und häufig am Boden, tags in Spalten und anderen dunklen Unterkünften verborgen. Zur Überwinterung vergraben sich die erwachsenen Tiere im Boden. Auch im Hause. **Nahrung:** Überwiegend Pflanzen, darunter sehr gerne Blüten, aber auch kleine Insekten und deshalb nicht schädlich. **Entwicklung, Lebenweise:** Die Eier werden in Herbst oder Frühjahr im Boden abgelegt und von den Weibchen bewacht. Auch die jungen Larven werden noch von der Mutter gepflegt. Die Tiere sind im Spätsommer erwachsen. Da sich die Tiere gerne in dunklen Verstekken aufhalten, kam man zu der irrigen Meinung, daß Tiere auch ins menschliche Ohr eindringen.

Grüne Stinkwanze
Palomena prasina

Larven

Wanzen, Heteroptera. **Merkmale:** Kleine, abgeflachte, rundliche Tiere mit einem Saugrüssel, der am Bauch eingeklappt ist, mäßig langen Fühlern, normalen Schreitbeinen und über dem Rücken zusammengelegten harten Flügeldecken, die aber an der Spitze häutig sind. Das vordere Bruststück ist sehr groß und dreiekkig. Die Art ist grün, wird aber im Herbst braun und überwintert. Im Frühjahr färbt sie sich wieder grün. Körperlänge 14 mm. **Vorkommen:** Häufig an Büschen und Bäumen, besonders an Beerensträuchern; weit verbreitet. **Nahrung:** Sticht gerne Beeren an und gibt ihnen dadurch den unangenehmen Wanzengeruch. Die Larven ernähren sich von Pflanzensäften. **Entwicklung, Lebensweise:** Die Eier werden auf Pflanzen abgelegt und die Larven (s. Grafik) leben immer in dieser Umgebung. Sie benötigen in der Regel 5 Häutungen, um erwachsen zu werden. Sie und die erwachsenen Tiere enthalten symbiontische Bakterien in ihrem Darmtrakt, die zusätzlich Vitamine und dergleichen erzeugen. Die Bakterien werden häufig schon bei der Eiablage übertragen. Zur Abwehr von Feinden benützen die Tiere ihre Stinkdrüsen.

Gestreifte Schildwanze
Graphosoma italicum

Wanzen, Heteroptera. **Merkmale:** Von typischer Wanzengestalt; mit leuchtender Schwarz-Rot-Färbung, die oberseits längs läuft, auf dem Hinterleib aber quer. Auch die Unterseite ist deutlich rot-schwarz gefärbt. Körperlänge 12 mm. **Vorkommen:** Eine wärmeliebende Art, die bei uns mehr im Süden vorkommt und in der Vegetation zu finden ist. **Nahrung:** Pflanzensäfte, Früchte. **Entwicklung, Lebenweise:** Die Eier werden in Gruppen in der Vegetation abgelegt und die Junglarven leben nach dem Schlüpfen noch eine Zeit zusammen. Sie sind ähnlich wie die erwachsenen Tiere sehr bunt gefärbt, und man nimmt an, daß dies eine Warnfarbe ist, da die Tiere wegen ihres schlechten Geschmacks ungenießbar sind. Das in bestimmten Drüsen erzeugte Sekret wirkt auf kleine Tiere wie Insekten leicht giftig, zeigt bei Vögeln kaum Wirkung, für den Menschen aber ist es abstoßend. Warnfarben in Schwarz-Rot findet man bei vielen anderen ungenießbaren oder giftigen Insekten. Sie scheinen ein sehr wirksames Signal für mögliche Angreifer zu sein. Harmlose Tiere ahmen die Färbung manchmal nach; man spricht dann von Mimikry.

Feuerwanze

Pyrrhocoris apterus

(Foto oben)

Wanzen, Heteroptera. **Merkmale:** Rot und schwarz gezeichnete Tiere von länglich-ovalem Umriß. Die Flügellänge ist unterschiedlich, es gibt voll geflügelte Exemplare, andere mit verkürzten Flügeln und solche, die flügellos sind. Sie können natürlich nicht mehr fliegen. Körperlänge 10 mm. **Vorkommen:** Feuerwanzen sind weit verbreitet, kommen aber relativ lokal vor, dann aber oft in großen Gesellschaften. Man findet sie am Fuß alter Bäume, zum Beispiel von Linden. **Nahrung:** Sie saugen Säfte aus verschiedenen Pflanzen. In gleicher Weise leben auch die Larven. **Entwicklung, Lebensweise:** Die erwachsenen Wanzen überwintern und erscheinen wieder im folgenden Frühjahr, um ihre Eier abzulegen. Dies geschieht in größeren Gelegen. Wanzeneier können sehr verschiedenartige Formen aufweisen und sind oft ganz bizarre Gebilde (Foto unten rechts). Die Larven wachsen dann im Verlauf des Sommers heran, sie leben wie die erwachsenen Tiere in größeren Gemeinschaften. Welchen Sinn die verschiedene Flügellänge hat, ist noch nicht recht klar. Das Foto zeigt die Art in Paarung.

Raubwanze

Rhinocoris iracundus

(Foto unten links)

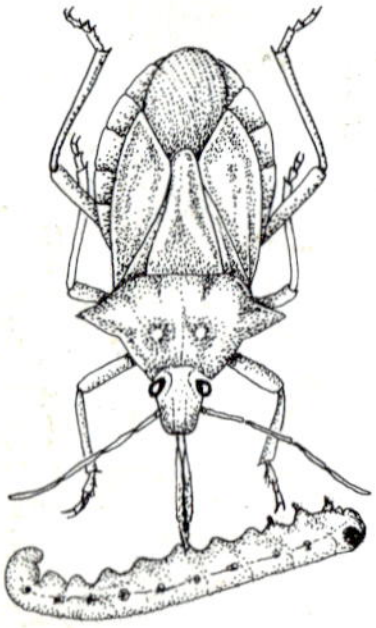

Räuberische Schildwanze
mit erbeuteter Raupe

Wanzen, Heteroptera. **Merkmale:** Eine ebenfalls rot und schwarz gezeichnete Art, deren Körper aber an den Seiten leicht eingebuchtet und deren Kopf nach vorn verlängert ist. Körperlänge 12 mm. Kommt in verschiedenfarbigen Rassen vor. **Vorkommen:** Die Art ist sehr weit verbreitet. Sie kommt als Räuber aber meist einzeln vor und ist vielerorts in der Vegetation anzutreffen. **Nahrung:** Wie der Name sagt, lebt die Art in allen Stadien räuberisch von anderen Insekten, die mit dem Stechrüssel ausgesaugt werden. **Entwicklung, Lebensweise:** Die Entwicklung verläuft in gleicher Weise wie bei anderen Wanzen. Raubwanzen sind große Jäger, die mit ihrem Rüssel die Beute anstechen und mit ihrem Speichel betäuben und töten (s. Grafik). Auch gegen Angriffe erwehren sie sich mit ihrem Rüssel und können empfindlich stechen.

Wasserläufer

Gerris lacustris

Wanzen, Heteroptera. **Merkmale:** Mittelgroße, dunkel gefärbte Tiere mit sehr langen Beinen, die das Tier auf der Wasseroberfläche tragen. Sonst mit allen bei Wanzen vorkommenden Merkmalen. Körperlänge 12 mm. Mehrere weitere Arten. **Vorkommen:** Auf ruhigen Gewässern weit verbreitet und meist in größeren Gruppen vorkommend. **Nahrung:** Räuberisch lebende Tiere, die ihre Beute von der Wasseroberfläche aufsammeln. Meist werden kleine Insekten erbeutet. **Entwicklung, Lebensweise:** Die Entwicklung erfolgt in der bei Wanzen üblichen Weise. Die Tiere gleiten auf ihren Beinen rasch über die Wasseroberfläche, wobei der Vortrieb hauptsächlich mit dem mittleren Beinpaar erfolgt, während die Hinterbeine steuern und die Vorderbeine zum Ergreifen der Beute dienen. Erwachsene Tiere können gut fliegen und besiedeln auf diese Weise alle neu entstehenden, geeigneten Gewässer, so daß man sie auch auf länger bestehenden Pfützen finden kann. Es gibt aber auch kurzflügelige und flügellose Formen.

Rückenschwimmer

Notonecta glauca

Wanzen, Heteroptera. **Merkmale:** Die Tiere sind deutlich breiter als Wasserläufer, mit verlängerten Hinterbeinen, die seitlich Borstenfransen tragen und als Ruderbeine wirken. Die Art lebt im Wasser und schwimmt immer mit dem Rücken nach unten. Sie besitzt wie die meisten Wanzen Flügel und kann gut fliegen. Körperlänge 15 mm. **Vorkommen:** Weit verbreitet und fast das ganze Jahr über recht häufig in vielen stehenden Gewässern. **Nahrung:** Die Tiere leben räuberisch und erbeuten verschiedene Kleintiere im Wasser, aber auch von der Wasseroberfläche. Die Beute wird ergriffen und mit dem Rüssel ausgesaugt. **Entwicklung, Lebensweise:** Die Entwicklung ist die bei Wanzen übliche. Im Wasser atmen die Tiere aus einer Luftblase auf der Bauchseite des Hinterleibs und müssen öfter an die Oberfläche, um den Luftvorrat zu erneuern. Ruhend hängen sie mit den Beinen und der Hinterleibsspitze unter der Wasseroberfläche. Da sie Räuber sind, sollte man sie nicht im Aquarium halten: Sie greifen auch kleine Fische an. Kommt man mit ihnen in Berührung, so können sie zur Abwehr sehr schmerzhaft stechen; man nennt sie daher auch Wasserbienen.

Eine weitere recht verbreitete Wasserwanze ist der Wasserskorpion *(Nepa rubra)*, der im Aussehen unverkennbar ist (s. Grafik) und sich meist im Uferbereich von Stillgewässern aufhält.

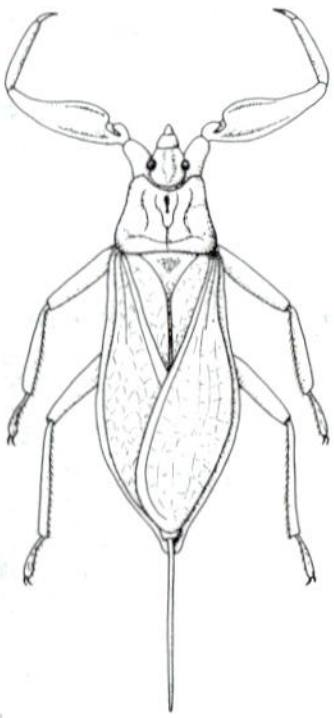

Wasserskorpion

Schaumzikade

Philaenus spumarius

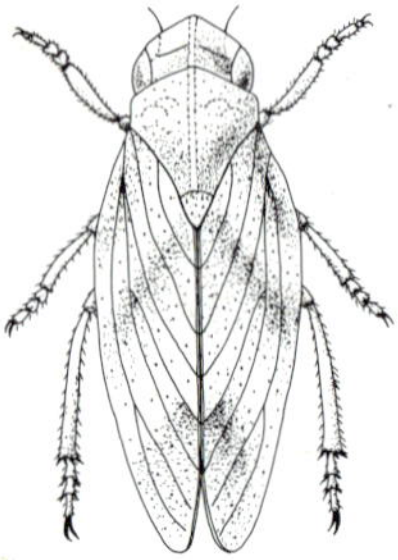

Pflanzensauger, Homoptera. **Merkmale:** Eine kleine, bräunliche Zikade, die sehr unscheinbar ist (s. Grafik). Körperlänge 5–7 mm. Im Foto wird die hellgrüne Larve (oben rechts) und ihr Schaumklumpen (oben links) abgebildet. Letztere sind nicht selten an Pflanzenstengeln in kräuterreichen Wiesen zu finden. Es gibt mehrere, sehr ähnliche Arten. **Vorkommen:** In offenem Wiesengelände weit verbreitet und als Schaumballen auffallend. Die Zikade selbst sieht man nur bei genauer Beobachtung. **Nahrung:** Pflanzensäfte. **Entwicklung, Lebensweise:** Die Larve bläst aus den Stigmen am Hinterleib Luft in die eiweißhaltige Kotflüssigkeit und erzeugt dadurch den schützenden Schaumballen, den der Volksmund Kuckucksspeichel nennt.

Blutzikade

Cercopis vulnerata

(Foto unten links)

Pflanzensauger, Homoptera. **Merkmale:** Kleine Tiere mit ovalem Umriß und gleichförmigen Flügeln, die dachförmig über dem Körper zusammengelegt werden. Sie sind rot und schwarz gezeichnet. Als Mundwerkzeug dient ein Saugrüssel. Die kräftigen Beine ermöglichen weite Sprünge, die Tiere können aber auch gut fliegen. Körperlänge 6 mm. **Vorkommen:** In niedriger Vegetation in offenem Gelände weit verbreitet und nicht selten. **Nahrung:** Sowohl Larven als auch erwachsene Tiere ernähren sich von Pflanzensäften, die sie mit dem Saugrüssel aus den Geweben holen. **Entwicklung, Lebensweise:** Die Larven leben unterirdisch an Wurzeln und klettern erst vor dem Schlüpfen der erwachsenen Tiere ans Tageslicht.

Bergzikade

Cicadetta montana

(Foto unten rechts)

Pflanzensauger, Homoptera. **Merkmale:** Ein größeres Tier von 20 mm Körperlänge und bräunlicher Färbung. Die großen, über den Körper hinausragenden Flügel sind glasklar. Zikaden haben einen sehr breiten Kopf mit weit hervorstehenden Augen und sehr kurzen Fühlern. Die männlichen Tiere erzeugen Töne zum Anlokken der Weibchen. **Vorkommen:** Nur in unseren wärmeren Gebieten im Sommer vorkommend und nie häufig. **Nahrung:** Pflanzensäfte. **Entwicklung, Lebensweise:** Die Larve lebt im Boden, meist mehrere Jahre. Für die erwachsenen Tiere ist der kräftige Gesang charakteristisch, der mit den trommelartigen Schallorganen an der Hinterleibsbasis erzeugt wird. Geschützt.

Grüne Blattlaus

Aphis-Art

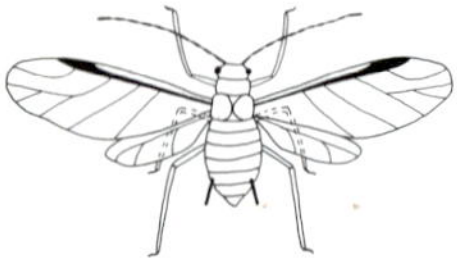

geflügelte Form

Pflanzensauger, Homoptera. **Merkmale:** Kleine Tiere von grüner, brauner oder schwarzer Farbe, mit häutigen Flügeln (s. Grafik) und einem Saugrüssel. Der Kopf ist zugespitzt, während der Hinterleib breit und abgerundet ist. Dort findet man auch die charakteristischen, röhrchenförmigen Fortsätze. Neben den geflügelten und flugfähigen Tieren kommen auch ungeflügelte Exemplare vor, oft in großen Mengen (s. Foto). **Vorkommen:** Blattläuse gibt es fast überall an Pflanzen, oft sind die Arten aber auf bestimmte Nahrungspflanzen spezialisiert und leben nur auf diesen. **Nahrung:** Die Tiere saugen in allen Stadien Pflanzensäfte. **Entwicklung, Lebensweise:** Die Eier überwintern und die im Frühjahr schlüpfenden Tiere entwickeln sich zu flügellosen Weibchen, die ohne Befruchtung (parthenogenetisch) täglich ein weiteres Weibchen gebären (s. Foto). Zur Ausbreitung der Art entstehen zwischendurch im Lauf des Sommers geflügelte Tiere. Erst im Herbst entstehen auch Männchen und es kommt zur Paarung und Eiablage. Bei manchen Arten ist dieser Generationswechsel auch von der Futterpflanze abhängig, hier leben Geschlechtstiere und parthenogenetische Tiere an verschiedenen Pflanzen. Durch die Massenvermehrung sind die Tiere oft schädlich.

Schlammfliege

Sialis-Art

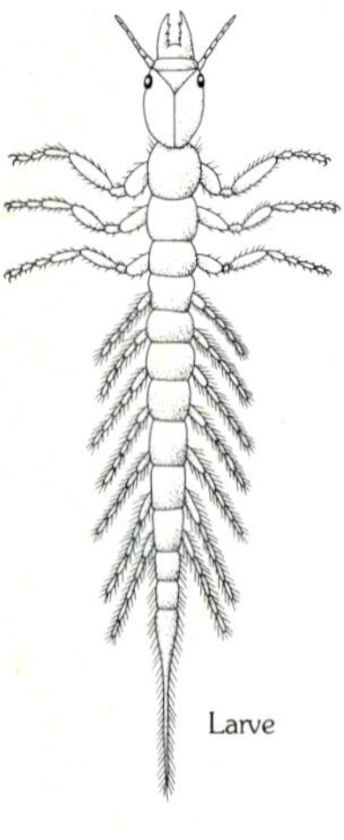

Larve

Schlammfliegen, Megaloptera. **Merkmale:** Größere, düster gefärbte Insekten; Flügel länger als der Körper, fast gleich groß, mit netzartigem Geäder. Fühler lang, Mundwerkzeuge kauend. Von den ähnlichen Steinfliegen durch das Fehlen von Schwanzanhängen zu unterscheiden, von Köcherfliegen durch die fast gleichgroßen Flügel. **Vorkommen:** In der Nähe verschiedenartiger Gewässer, meist träge in der Ufervegetation, im Frühjahr. Weit verbreitet und nicht selten. **Nahrung:** Die Larven (s. Grafik) leben räuberisch im Boden der Gewässer; die nur wenige Tage lebenden Vollinsekten nehmen kaum Nahrung zu sich. **Entwicklung, Lebensweise:** Die Entwicklung ist vollständig. Nach 2 Jahren kriechen die Larven an Land und verpuppen sich in einer Erdhöhle. Zur Atmung tragen die Larven 7 fädige Tracheenkiemen am Hinterleib. Nach dem Schlüpfen kommt es bald zur Paarung und die Weibchen legen nun ihre Eier in großen Gelegen auf die Unterseite von Wasserpflanzen.

Kamelhalsfliege
Raphidia-Art

Kamelhalsfliegen, Raphidioptera. **Merkmale:** Kleine Insekten mit gestrecktem Körper und einer sehr langen, halsartigen Vorderbrust. Kopf mit kauenden Mundwerkzeugen und langen Fühlern. Die Flügel sind gleichförmig, mit Netzadern und häutig. Die weiblichen Tiere tragen einen langen Legebohrer (s. Foto). Körperlänge 10 mm. **Vorkommen:** Lokal in lichten Wäldern an und in Bäumen, meist nicht häufig, im Sommer. **Nahrung:** Alle Stadien leben räuberisch, die Larven in Rindenritzen und Bohrlöchern, die erwachsenen Tiere an Baumstämmen. **Entwicklung, Lebensweise:** Die Larven brauchen wohl 2 Jahre für ihre Entwicklung, durchlaufen bei vollständiger Verwandlung ein Puppenstadium, und die Weibchen legen nach der Paarung ihre Eier mit dem Legebohrer in Rindenritzen. Die Larven können als nützlich gelten, da sie Insekten jagen, die im Holz bohren.

Florfliege
Chrysopa-Art

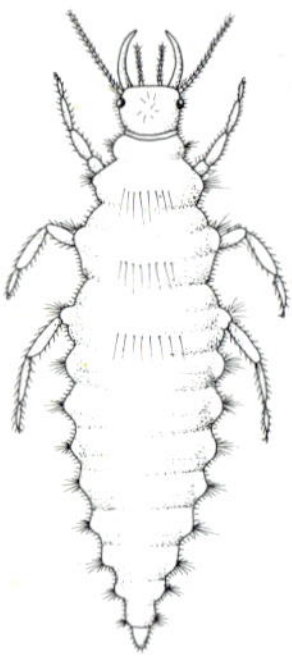

Larve

Echte Netzflügler, Planipennia. **Merkmale:** Kleine Insekten mit schlankem Körper, der metallisch farbig glänzt. Die Flügel sind groß, gleichförmig, häutig, mit zahlreichen Adern, die durch viele Queradern verbunden sind. Auch die Adern sind farbig, meist grün. Mundwerkzeuge kauend, Fühler lang, Augen glänzend. Körperlänge 14 mm. **Vorkommen:** Überall in der Vegetation zu finden, vor allem wo es Blattläuse gibt. Weit verbreitet und häufig im Sommer und Herbst. Im Winter gerne in Häusern. **Nahrung:** Die Larven (s. Grafik) leben von Blattläusen, die sie mit ihren Saugzangen aussaugen. Die erwachsenen Tiere nehmen den »Mehltau« der Blattläuse zu sich. **Entwicklung, Lebensweise:** Die Eier werden auf langen, dünnen Stielen befestigt, die durch Ausziehen eines Tropfens Flüssigkeit entstehen. Die Larven leben dann auf der Vegetation, jagen vor allem Blattläuse und sind daher sehr nützlich. Man nennt sie auch Blattlauslöwen. Die erwachsenen Tiere sind abends und nachts aktiv und kommen gerne ans Licht. Angegriffen sondern sie einen übelriechenden Stoff ab und werden daher von Feinden gemieden. Sie überwintern und wechseln dann die Farbe von grün zu braun, werden im folgenden Frühjahr aber wieder grün.

Ameisenjungfer

Myrmeleon formicarius

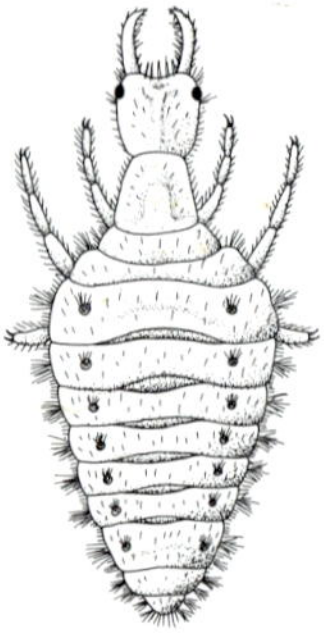

Ameisenlöwe

Larve am Grund des Fangtrichters

Echte Netzflügler, Planipennia. **Merkmale:** Das erwachsene Tier gleicht mit seinem langen, dünnen Körper und den großen, häutigen Flügeln einer Libelle, unterscheidet sich aber durch kurze, keulige Fühler und graue Färbung. Die Imago wird nicht oft beobachtet. Viel bekannter hingegen ist die Larve, der Ameisenlöwe (s. Grafik), durch ihre besondere Lebensart. Der Körper ist rundlich gedrungen, graubraun, mit vorstehendem Kopf und langen, gekrümmten Saugzangen daran. Meist ist er verborgen in seinem Fangtrichter, und nur die Zangen sind über der Oberfläche sichtbar. Körperlänge der Ameisenjungfer 40 mm, die des Ameisenlöwen 15 mm. **Vorkommen:** Ameisenlöwen sind weit verbreitet, kommen aber nur lokal an warmen, sandigen Orten vor und sind dort nicht selten. Besonders Kiefernwälder mit Sandboden werden bevorzugt. **Nahrung:** Die Larve fängt hauptsächlich Ameisen, aber auch andere kleine Insekten. Von der Nahrung der erwachsenen Tiere ist nichts Sicheres bekannt. Möglicherweise fressen sie überhaupt nichts mehr. **Entwicklung, Lebensweise:** Die Entwicklung ist vollständig und verläuft über ein Puppenstadium. Der Ameisenlöwe ist am Grunde einer trichterförmigen Grube vergraben und lauert auf Beute, die in den Trichter hineinfällt und an den lockeren Wänden nur schwer wieder emporklettern kann (vgl. Grafik). Bei Fluchtversuchen wird die Beute mit Sandkörnchen beworfen und fällt wieder in die Grube zurück. Sie wird dann mit den langen Saugzangen ergriffen und ausgesaugt.
Geschützt.

Schmetterlingshaft

Ascalaphus coccajus

Echte Netzflügler, Planipennia. **Merkmale:** Schmetterlingsähnliche Tiere mit schlankem, behaartem Körper und großen Flügeln, die teilweise schwarz und gelb gefärbt sind. Lange Fühler mit einem Knopf am Ende. Körperlänge 60 mm. **Vorkommen:** In lichten Heidewäldern, hauptsächlich im Süden; nicht häufig, aber auffallend. Im Sommer. **Nahrung:** Leben als Larve und als fertiges Insekt räuberisch von kleinen Tieren. **Entwicklung, Lebensweise:** Die Larve lebt frei am Boden und macht Jagd auf Beute, die sie mit ihren Saugzangen aussaugt. Sie ähnelt dem Ameisenlöwen, baut aber keine Trichterfallen. Das fertige Tier fliegt sehr rasch umher und jagt im Flug Fliegen und Schmetterlinge. Durch ihre bunte Färbung erinnert sie an Schmetterlinge (Name!). Bei uns noch eine zweite Art.
Geschützt, vom Aussterben bedroht.

Feld-Sandlaufkäfer
Cicindela campestris

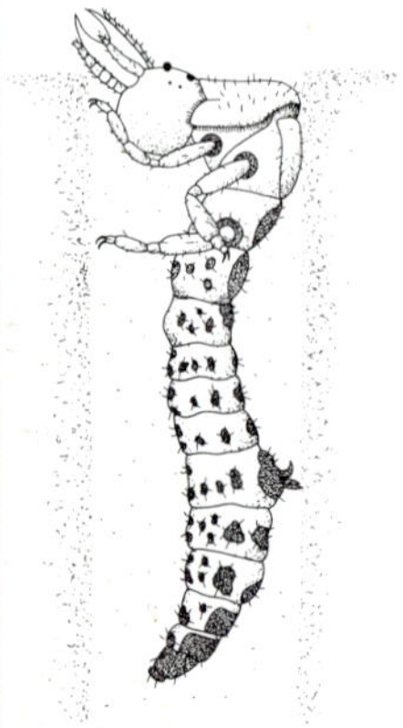
Larve in der Erdröhre

Käfer, Coleoptera. **Merkmale:** Grünglänzender Käfer mit einigen gelblichen Flecken auf den Flügeldecken und relativ langen Beinen und Fühlern. Mit kräftigen, spitzen Greifzangen. Körperlänge 12–16 mm. **Vorkommen:** In lichten Wäldern und an sonnigen Waldrändern mit lockeren Böden sind die Tiere von April bis Juni am Boden im Sonnenschein nicht selten und weit verbreitet. **Nahrung:** Käfer und Larven leben räuberisch von anderen Insekten. **Entwicklung, Lebensweise:** Sandlaufkäfer sind Sonnentiere, die sich hauptsächlich am Boden aufhalten und dort nach Beute jagen. Sie laufen sehr schnell und können, wenn sie gestört werden, sehr gut fliegen, aber nie lange Strecken. Obwohl sie prächtig gefärbt sind, bleiben sie am Boden doch recht gut getarnt. Ihre Beute wird mit den mächtigen Greifzangen gefaßt. Mit Hilfe von ausgeschiedenen Fermenten wird die Nahrung außerhalb des Körpers verdaut und dann aufgesogen. Die Larven (s. Grafik) benötigen für ihre Entwicklung 2 Jahre, deshalb findet man Käfer und Larven zur gleichen Zeit. Sie leben in selbstgegrabenen Röhren im Boden und lauern dort auf Beute, die sie blitzschnell ergreifen und wie die Käfer verzehren. Man findet die Larven meist an der Mündung der Röhre, die von den großen Zangen versperrt wird. Die Puppe liegt in einer Höhle.
Geschützt.

Goldlaufkäfer
Carabus auratus

Käfer, Coleoptera. **Merkmale:** Ein recht großer, schlanker Käfer, der metallisch grün glänzt (»Goldschmied«) und auf den Flügeldecken Längsfurchen aufweist. Der Rand schimmert rötlich. Mit kräftigen Beinen, langen Fühlern und kräftigen Greifzangen. Körperlänge 20–27 mm. **Vorkommen:** Vor allem in Feldern und Wiesen findet man dieses Bodentier im Frühjahr und Sommer. Recht häufig und weit verbreitet. **Nahrung:** Käfer wie Larven leben räuberisch; Würmer, Schnecken und kleine Insekten werden gefangen. **Entwicklung, Lebensweise:** Als nächtliche Räuber laufen sie behende herum und verbergen sich tags im Bogen. Die ergriffene Beute wird durch Sekrete vor dem Mund verdaut und dann aufgesaugt. Werden die Käfer angegriffen, so verspritzen sie einen übelriechenden Saft, der den Angreifer vertreiben soll. Die Larven streifen auf ihren Raubzügen frei umher.
Es gibt bei uns noch eine Reihe weiterer Laufkäfer mit ähnlicher Größe, Gestalt und Lebensweise.
Geschützt.

Gelbrandkäfer
Dytiscus marginalis

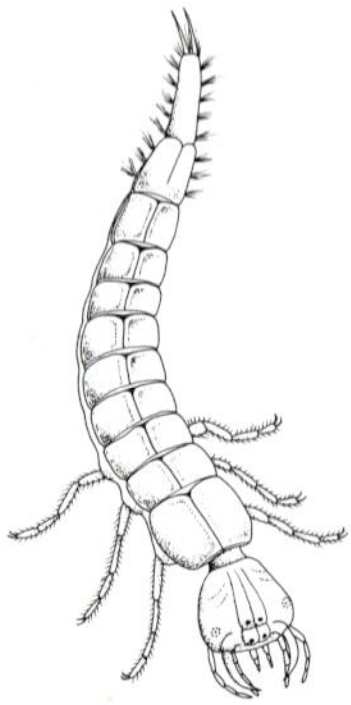

Larve

Käfer, Coleoptera. **Merkmale:** Ein großer Käfer von ovaler, flacher Gestalt, mit Hinterbeinen, die durch Reihen von Borsten zu Ruderbeinen umgewandelt sind. Die Art ist dunkel olivgrün gefärbt und weist gelbe Streifen am Körperrand auf. Die männlichen Tiere haben glatte Flügeldecken und Saugscheiben an den Vorderbeinen (vgl. Foto), die weiblichen gefurchte Flügeldecken und einfache Beine. Körperlänge 30–35 mm. **Vorkommen:** Man findet die Käfer das ganze Jahr in ruhigen Gewässern, wo sie unter Wasser umherschwimmen. **Nahrung:** Käfer und Larven sind große Räuber, die alle Wassertiere geeigneter Größe erbeuten, einschließlich Kaulquappen und Fischen. **Entwicklung, Lebensweise:** Die Larven (s. Grafik) leben ebenfalls im Wasser und saugen ihre Beute aus, die mit den Greifzangen gefaßt und durch Verdauungssäfte aufgelöst wird. Sie verpuppen sich in einer Höhle über der Wasserlinie. Die Käfer ernähren sich ebenso, müssen zum Atmen aber an die Oberfläche, um den Luftvorrat am Ende des Hinterleibs zu erneuern. Die Käfer können gut fliegen und erreichen auf diese Weise neue Wasserstellen.

Kurzflügler
Staphylinus caesareus

Käfer, Coleoptera. **Merkmale:** Kleine Käfer mit schmalem Körper und sehr kurzen Flügeldecken, die den Körper nur teilweise bedecken. Trotzdem sind die Hinterflügel voll entwickelt und die Tiere können gut fliegen. Das Bruststück ist matt schwarz, die Flügeldecken rotbraun; seitlich am Körper glänzende Flecken. Körperlänge 25 mm. **Vorkommen:** Nicht häufig an modernden Stoffen am Boden, wo die Tiere hurtig umherlaufen, sich aber gerne verstecken. Sie sind weit verbreiten. **Nahrung:** Wahrscheinlich ernähren sich die Kurzflügler von Insekten und deren Larven, die in modernden Stoffen leben. **Entwicklung, Lebensweise:** Unter den Kurzflüglern gibt es neben den räuberisch lebenden Arten auch solche, die als Gäste bei Ameisen leben. Sie sondern süße Säfte ab und werden von den Ameisen nicht verfolgt. Sie fressen Abfälle, aber auch Larven der Ameisen. Eine merkwürdige Verhaltensweise der Kurzflügler ist es, beim Laufen den Hinterleib nach oben zu krümmen. Es gibt sehr viele, meist sehr kleine Arten.

Mistkäfer

Geotrupes-Art

Käfer, Coleoptera. **Merkmale:** Mistkäfer sind breite, abgerundete Tiere von schwarz glänzender Farbe und mit mehr oder weniger deutlich gefurchten Flügeldecken. Ihre Beine sind kurz und kräftig, die Schiene ist verbreitert und mit Dornen versehen. Die Fühler sind kurz und am Ende durch dicht stehende Blättchen verdickt. Sie können in Rillen verborgen werden. Körperlänge 20–25 mm. **Vorkommen:** Mistkäfer gibt es in allen wärmeren Monaten auf Weiden, an Wegrändern – überall wo Dung zu finden ist. Sie sind vor allem in der Dämmerung aktiv. **Nahrung:** Die Käfer suchen Dunghaufen auf, graben darunter eine Grube und ziehen den Dung hinein. Davon ernähren sich Käfer wie Larven. **Entwicklung, Lebensweise:** Beim Dungeingraben arbeiten meist beide Gschlechter zusammen. Sie verbergen mehr Dung im Boden als gebraucht wird und fördern damit den Abbau solcher Stoffe. Die Larven, die von dem Dung leben, sind wohlversorgt und brauchen sich nur wenig zu bewegen. Sie gehören jenem Larventyp an, den man Engerling nennt (s. nächste Seite).

Gewöhnlicher Totengräber

Necrophorus vespillo

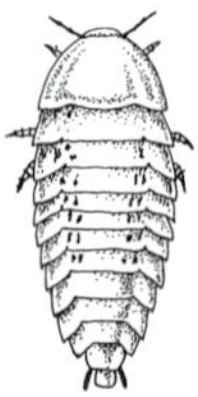

Larve eines Aaskäfers

Käfer, Coleoptera. **Merkmale:** Mässig große, schwarz glänzende Käfer, die etwas gestreckt gebaut sind und auffallende, rotgelbe, gezackte Querbinden auf den sonst schwarzen Flügeldecken tragen, die das Hinterleibsende nicht bedecken. Der Körper trägt im Gegensatz zu ähnlichen Arten eine feine, goldgelbe Behaarung. Die Fühler sind kurz und weisen am Ende eine Keule auf. Körperlänge 12–22 mm. **Vorkommen:** Man findet den Käfer fast das ganze Jahr über und nicht selten an vielerlei Orten, wo er seine Nahrung findet. **Nahrung:** Aas und Pilze. **Entwicklung, Lebensweise:** Der Käfer betreibt eine ausgesprochene Brutfürsorge. Das Weibchen gräbt Kadaver kleiner Tiere im Boden ein und legt daran seine Eier. Zunächst wird die Nahrung für die Larven vorbereitet, später ernähren sie sich selbständig. Sie entwickeln sich in kurzer Zeit und verpuppen sich im Boden. Die Käfer können Töne erzeugen. Sie haben eine überwiegend nächtliche Lebensweise. Man kann sie mit Fleisch ködern. Es gibt einige sehr ähnliche Arten mit vergleichbarer Lebensweise. Die Larven der Aaskäfer sind typischerweise flach, vorn breit und haben kurze Beine (s. Grafik); die Larven des Totengräbers haben eine eher raupenähnliche Gestalt.

Maikäfer

Melolontha melolontha

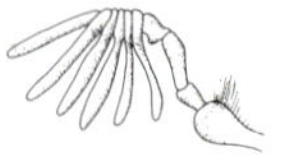

Weibchen

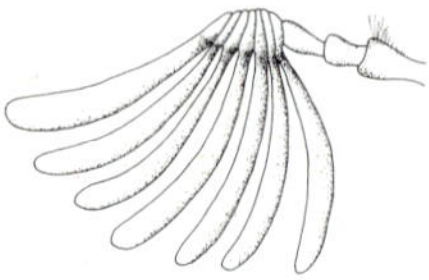

Männchen

Fühler

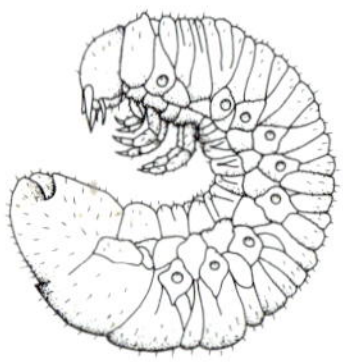

Engerling

Käfer, Coleoptera. **Merkmale:** Ein weitbekannter, ziemlich großer Käfer mit braunen, grob gefurchten Flügeldecken, schwarzem Körper mit seitlichen weißen Dreiecksmarken und schwarzem Bruststück. Beine und Fühler sind braun, letztere mit einem Lamellenbüschel am Ende, das bei den Männchen 7 und beim Weibchen 6 Lamellen aufweist (s. Grafik). Die kräftigen Beine sind mit Dornen und starken Krallen versehen. Die Weibchen sind außerdem an einem spitzkonischen Legebohrer am Hinterende des Körpers zu erkennen. Körperlänge 20–30 mm. **Vorkommen:** In Laubwäldern und an Waldrändern war der Maikäfer früher in manchen Jahren im Frühjahr außerordentlich häufig. Er liebt besonders wärmere Gegenden und kann andernorts ausgesprochen selten sein. Die Tiere fliegen vor allem am Abend und sind tagsüber ziemlich träge. **Nahrung:** Die Käfer leben von Blättern und können bei Massenvermehrung ganze Wälder kahlfressen. Die Larven leben im Boden von Wurzeln verschiedener Pflanzen und sind ebenfalls bei großer Anzahl schädlich. **Entwicklung, Lebensweise:** Die trägen Larven, die als Engerlinge (Grafik) bekannt sind, brauchen 3–4 Jahre, um voll erwachsen zu werden. In diesen Abständen treten dann auch die sogenannten Maikäferjahre auf. Nach der Befruchtung graben sich die Weibchen ziemlich tief in den Boden ein und legen dort etwa 70 Eier ab. Die Larven verpuppen sich im Sommer des dritten Jahres in einer Höhle, wo noch im gleichen Herbst der Käfer schlüpft. Er bleibt aber bis zum kommenden Frühjahr im Boden.

Julikäfer

Anomala dubia

Käfer, Coleoptera. **Merkmale:** Ein kleinerer, gedrungen gerundeter Käfer mit meist metallisch grün glänzendem Kopf, Bruststück und Körper, bräunlichen Flügeldecken, Beinen und Fühlern, die relativ kurz sind und typische Blattbüschel am Ende tragen. Körperlänge 12–15 mm. **Vorkommen:** Der Käfer ist von Mai bis August an sonnigen Tagen und abends häufiger in trockenen, sandigen Gegenden zu finden und dort nicht selten. **Entwicklung, Lebensweise:** Die Larven dieser Art leben 2 Jahre an verschiedenen Pflanzenwurzeln, bis sie sich voll entwickelt haben. Der Käfer selbst ist Pflanzenfresser und findet sich an Weiden und Birken, aber auch an anderen Büschen und Bäumen. Mit anderen ähnlichen Arten wird er oft als junger Maikäfer bezeichnet, mit dem er aber nichts zu tun hat, denn ein fertiges Insekt kann nicht mehr wachsen.

Hirschkäfer
Lucanus cervus

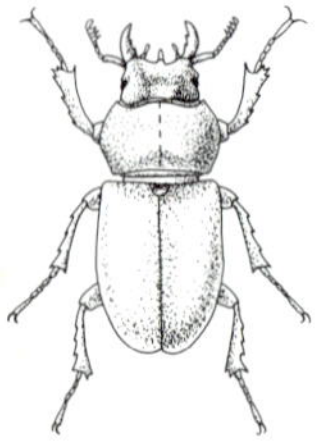

Weibchen

Käfer, Coleoptera. **Merkmale:** Sehr großer Käfer mit breitem Kopf, an dem Fühler sitzen, die am Ende Blattbüschel tragen. Kopf und Brust sind schwarz, die Flügeldecken dunkelbraun. Die männlichen Tiere (s. Foto) tragen geweihförmige Greifzangen (umgewandelte Mundwerkzeuge!), die der Weibchen sind wesentlich kürzer (s. Grafik). Körperlänge 30–80 mm. **Vorkommen:** Hirschkäfer leben bei alten Eichen und sind bei uns selten geworden. Am Südrand der Alpen sind die Tiere dagegen häufiger. Man findet sie im Sommer. **Nahrung:** Die Käfer leben von Baumsäften, die aus Wunden sickern, die Larven im Holz alter Eichen. **Entwicklung, Lebensweise:** Die Larve braucht 5 Jahre bis sie erwachsen ist. In einer großen Puppenwiege entwickelt sie sich dann zum Käfer. Dieser ist am Abend aktiv und kann mit großem Gebrumm auch fliegen. Im Streit um ein Weibchen kämpfen die Männchen heftig miteinander bis einer der Streiter auf dem Rücken landet und aufgibt.

Geschütz, stark gefährdet. Um die Tiere nicht völlig auszurotten, ist es notwendig, alte Eichenbestände zu erhalten.

Rosenkäfer
Cetonia aurata

fliegender Rosenkäfer

Käfer, Coleoptera. **Merkmale:** Recht großer, grünglänzender Käfer mit weißen Strichen auf den Flügeldekken und kupferroter Unterseite. Die Fühler tragen am Ende kleine Blattbüschel. Körperlänge 15–20 mm. **Vorkommen.** Nicht selten im Sommer, vor allem um blühende Büsche fliegend und auf Blüten. Nur im Sonnenschein aktiv. **Nahrung:** Die Käfer fressen mit Vorliebe die Kronblätter der Blüten, insbesondere von Hekkenrosen. Die Larven ernähren sich von modernden Pflanzenteilen in Baumstümpfen und Ameisenhaufen. **Entwicklung, Lebensweise:** Rosenkäfer können mit geschlossenen Flügeldecken fliegen (s. Grafik) da diese seitlich so ausgerandet sind, daß die Hinterflügel durchgeschoben werden können. Die Eier werden an passenden, d. h. nahrungsreichen Stellen abgelegt und die Larve lebt mehrere Jahre in ihrer Nahrung. Wegen des geringen Nährstoffgehalts dieses Materials dauert die Entwicklung so lange.

Verwandte des Rosenkäfers in den Tropen gehören zu den schönsten Insekten überhaupt. Sie schimmern in allen Farben und gleichen Juwelen. Auch hier sind, wie bei den Schmetterlingen, physikalische Prozesse bei der Farbentstehung wirksam.

Geschützt.

Glühwürmchen
Lampyris noctiluca

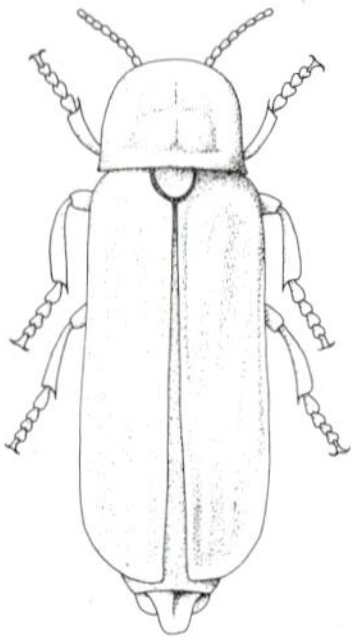
Männchen

Käfer, Coleoptera. **Merkmale:** Ein kleiner Käfer, der wie das im Foto abgebildete Weibchen flügellos oder als Männchen geflügelt ist (s. Grafik). Sein besonderes Merkmal ist, daß er als Käfer und als Larve Licht erzeugen kann. Die erwachsenen Tiere sind unscheinbar graubraun, mit kurzen Fühlern. Sie sind tags wenig auffallend. Körperlänge 10–18 mm. **Vorkommen:** Glühwürmchen sind weit verbreitet, bevorzugen aber feuchte Gebüsche und Ufervegetation auf Kalkgrund, wo ihre Nahrung vorkommt. An solchen Stellen sind sie häufig von Juni bis August. **Nahrung:** Die erwachsenen Käfer nehmen kaum Nahrung zu sich, die Larven dagegen leben räuberisch von Schnecken. **Entwicklung, Lebensweise:** Die Larven jagen am Boden. Die erwachsenen Tiere sind nachts aktiv und das Weibchen lockt den Partner mit seinem Leuchtorgan, das am Hinterleib sitzt. Hier wird auf chemischen Weg Licht erzeugt, das mit grünlichem Schein strahlt und nach Belieben ein- und ausgeschaltet werden kann. Wärme entsteht dabei nicht. Tropische Arten können sehr farbenprächtig und in besonderen Blinkrhythmen leuchten.

Schnellkäfer
Elater-Art

Käfer, Coleoptera. **Merkmale:** Kleinere Käfer von schmaler Gestalt, mit langen Fühlern und meist gerippten Deckflügeln, die nach hinten zugespitzt sind. Ein besonderes und ganz charakteristisches Merkmal ist der Sprungmechanismus auf der Bauchseite, der aus einem Dorn an der Vorderbrust und einer Grube in der Mittelbrust besteht. Körperlänge 10–20 mm. **Vorkommen:** Schnellkäfer findet man recht häufig im Sommer überall in der Vegetation. **Nahrung:** Die Käfer leben von Blüten und Säften, fressen aber auch andere Pflanzenteile. Unangenehmer bekannt sind ihre Larven, die Drahtwürmer, die an Samen und Pflanzen Schaden anrichten können. **Entwicklung, Lebensweise:** Die Larven leben in der Erde und brauchen knapp 1 Jahr für ihre Entwicklung. Die Käfer selbst haben ihren Namen von dem Schnappmechanismus erhalten, mit Hilfe dessen sie aus der Rückenlage wieder auf die Beine kommen. Sie pressen den obengenannten Zapfen in die Grube, wo er plötzlich einschnappt und das Tier in die Luft schleudert. Im Flug dreht sich der Käfer um und landet auf den Beinen.

Siebenpunkt
Coccinella septempunctata

(Foto oben links)

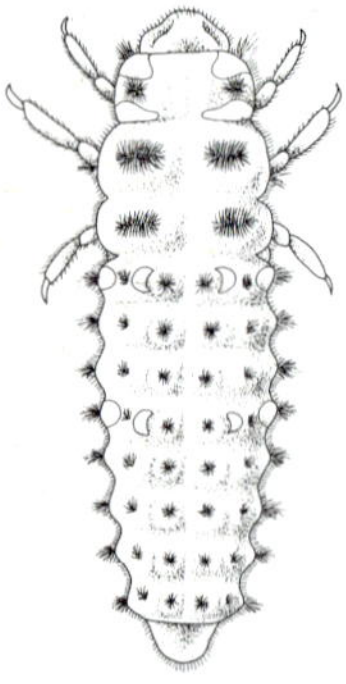

Larve

Käfer, Coleoptera. **Merkmale:** Kleine, runde Marienkäferart mit hochgewölbtem Rücken; Flügeldecken rot, mit 7 schwarzen Flecken; Brust schwarz, mit seitlichen weißen Flecken. Körperlänge 6–8 mm. **Vorkommen:** Fast das ganze Jahr weit verbreitet und häufig, besonders an Stellen mit zahlreichen Blattläusen. Zur Überwinterung auch in Wohnungen. **Nahrung:** Larve und Käfer jagen vorwiegend Blattläuse. **Entwicklung, Lebensweise:** Die Larven (s. Grafik) leben offen in Blattlauskolonien und können bei großem Bestand in wenigen Wochen eine neue Generation von Käfern erzeugen. Die Verpuppung erfolgt auf den Wirtspflanzen. Die Käfer überwintern oft in Scharen unter Steinen, Rinde oder in Häusern. Marienkäfer ziehen bei Gefahr Fühler und Beine ein und stellen sich tot. Außerdem tritt zur Abwehr orangefarbenen Körperflüssigkeit aus den Kniegelenken. Diese riecht und schmeckt übel.
Es gibt zahlreiche Marienkäferarten bei uns, die sich alle sehr ähnlich sehen. Manche Arten sind zudem in der Färbung sehr variabel.

Geringelter Marienkäfer
Anatis ocellata

(Foto oben rechts)

Käfer, Coleoptera. **Merkmale:** Bei diesem Käfer sind die vielen schwarzen Flecken auf den Flügeldecken mit hellen Ringen umzogen. Körperlänge 10 mm. **Vorkommen:** Nicht so häufig und verbreitet wie die vorhergehende Art; vor allem in Nadelwäldern. **Entwicklung, Lebensweise:** Auch hier werden Blattläuse bevorzugt und die Entwicklung ist ähnlich. Die leuchtende Farbe der Käfer ist eine Warnfarbe und weist auf ihren bitteren Geschmack hin.

Kartoffelkäfer
Leptinotarsa decemlineata

(Foto unten)

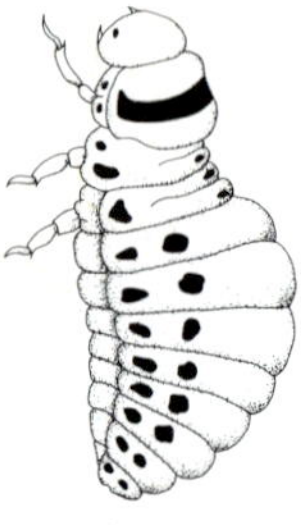

Larve

Käfer, Coleoptera. **Merkmale:** Kleinere, rundliche Käfer mit hochgewölbtem Rücken und relativ kurzen Fühlern. Die nicht besonders kräftigen Beine erlauben nur langsame Bewegungen, die Tiere können aber gut fliegen. Ihre schwarz und gelb gestreifte Färbung ist auffallend und soll auf ihre Ungenießbarkeit hinweisen. **Vorkommen:** Ursprünglich in Amerika zu Hause, ist die Art heute in unterschiedlicher Zahl in Europa auf Kartoffelfeldern zu finden. **Nahrung:** Käfer und Larven leben bei uns von Kartoffelkraut. **Entwicklung, Lebensweise:** Die Käfer überwintern und Larven (s. Grafik) findet man im Frühsommer oft in großer Anzahl an Kartoffelpflanzen. Hier waren sie jahrweise sehr schädlich. Man hat sie deshalb auch intensiv bekämpft. Käfer und Larven sondern bei Gefahr leuchtend farbige Flüssigkeitstropfen ab, die als Abwehrmittel wirken.

Blattkäfer

Chrysomela-Art

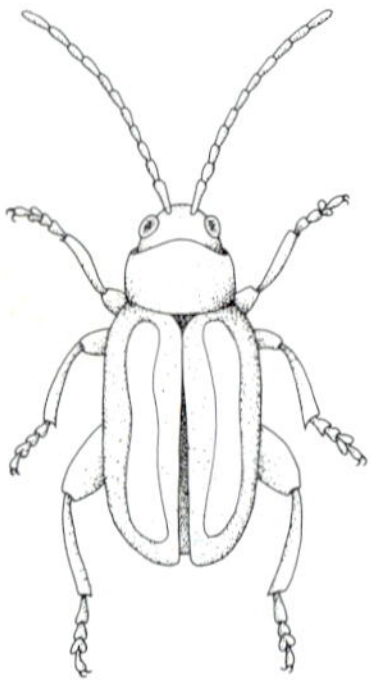

Erdfloh

Käfer, Coleoptera. **Merkmale:** Kleine rundliche Käfer mit leuchtend grünem oder blauem Metallglanz. Die Tiere sind nicht sehr beweglich und finden sich meist auf Pflanzen, wo sie sich mit ihren Beinen festklammern. Körperlänge 8–10 mm. **Vorkommen:** Blattkäfer sind im Sommer überall in der Vegetation zu finden, in der Regel aber nur um ihre besondere Nahrungspflanze und deshalb recht lokal. **Nahrung:** Käfer und Larven leben von Pflanzenteilen, insbesondere von Blättern, und tragen deshalb ihren Namen. **Entwicklung, Lebensweise:** Blattkäfer-Larven sitzen träge auf den Pflanzen und fressen häufig Löcher in die Blätter. Ebenso verhalten sich die Käfer.

Auffallend sind die schönen, glänzenden Farben der Tiere, die auf besonderen Strukturen in der Körperdecke beruhen. Es gibt sehr viele Blattkäferarten, die oft schwer zu unterscheiden sind. Viele dieser Arten leben nur an ganz bestimmten Pflanzen und sind dadurch charakterisiert. Auch die meist nur 2–3 mm großen Erdflöhe (s. Grafik), die oft an Kulturpflanzen schädlich werden, gehören zu den Blattkäfern.

Großer Pappelbock

Saperda carcharias

Käfer, Coleoptera. **Merkmale:** Recht großer Käfer von schmaler Gestalt, mit sehr langen Fühlern und kräftigen Beinen. Die Färbung ist bräunlich bis gelblich und die Körperoberfläche mit zahlreichen sehr kleinen Grübchen bedeckt, die schwarz gefärbt sind. Körperlänge 20–28 mm. **Vorkommen:** Die Käfer findet man im Sommer in der Nähe der Nahrungspflanzen der Larven; sie sind lokal, aber nicht selten. **Nahrung:** Die Larven leben im Holz von Pappeln und können durch die langen Bohrlöcher erheblichen Schaden anrichten. Die Käfer leben von Blättern und Baumsäften. **Entwicklung, Lebensweise:** Da Holz als Nahrung wenig Substanz enthält, brauchen die Larven mehrere Jahre, um sich voll zu entwickeln. Sie bauen dann unter der Rinde eine große Puppenwiege und vollziehen dort ihre Verwandlung. Die fertigen Käfer findet man oft an den Stämmen von Pappeln, sie können aber auch recht gut fliegen.

In den Tropen gehören Bockkäfer zu den größten Käfern und nach Körpermasse zu den größten Insekten überhaupt.

Gefleckter Schmalbock

Strangalia maculata

Käfer, Coleoptera. **Merkmale:** Ein typischer Bockkäfer mit schmalem Körper und langen Fühlern. Die Flügeldecken sind gelb und tragen schwarze Querbinden, so daß man hier von Wespenmimikry spricht. Für Blütenbesucher wie diese Art mag die Wespenfärbung als Schutz vor Angreifern von Vorteil sein. Körperlänge 17 mm. **Vorkommen:** Im Sommer nicht selten an Waldrändern und auf Lichtungen, gerne auf Doldenblüten. **Nahrung:** Die Käfer ernähren sich von Blütenteilen; die Larve lebt im Innern von holzigen Pflanzenteilen. **Entwicklung, Lebensweise:** Die blütenbesuchenden Bockkäfer sind ausgeprägte Tagtiere, die hauptsächlich im Sonnenschein aktiv sind. Abgesehen von ihrer Färbung, sind auch die Töne auffallend, die sie durch Reiben mit dem Bruststück erzeugen. Man kann ein sehr hohes Zirpen vernehmen; es ist aber nicht recht klar, ob dies zur Abwehr oder zur Verständigung mit Partnern erzeugt wird. Letzteres ist wahrscheinlicher, da Insekten hohe Töne wahrnehmen können.

Roter Blumenbock

Leptura rubra

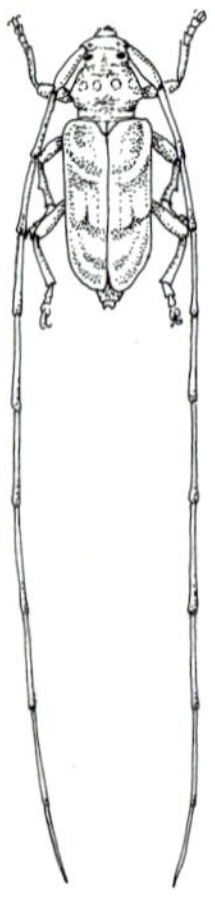

Zimmermannsbock

Käfer, Coleoptera. **Merkmale:** Ein typischer Bockkäfer mit schmalem Körper und langen Fühlern. Die Flügeldecken sind leuchtend rot gefärbt. Bei der bunten Farbe nimmt man an, daß es sich um Mimikry handelt, das heißt um Vortäuschung eines gefährlichen oder giftigen Tiers. Körperlänge 18 mm. **Vorkommen:** Im Sommer recht häufig bei Gehölzen und an Waldrändern, wo die Käfer oft Blüten besuchen, besonders Doldenblüten. **Nahrung:** Die Käfer besuchen Blüten und fressen deren Teile; die Larven leben bohrend im Innern von holzigen Pflanzenteilen. **Entwicklung, Lebensweise:** Aufgrund der nährstoffarmen Nahrung dauert die Entwicklung meist mehrere Jahre, während derer die Larve lange Gänge im Holz nagt.

Die Arten dieser Gattung nennt man Blumenböcke, weil sie sehr gerne Blumen besuchen und dort zusammen mit Fliegen und Hautflüglern lange Zeit verweilen. Bockkäfer nennt man sie wegen ihrer langen, gebogenen Fühler, die wie ein Gehörn aussehen. Die Fühler können bei einzelnen Arten mehr als Körperlänge erreichen. Besonders lang sind sie beim Männchen des Zimmermannsbocks (*Acanthocinus aedilis*, s. Grafik), dessen Larven sich in Stämmen und Strünken von Nadelbäumen entwickeln.

Weichkäfer
Cantharis livida

Käfer, Coleoptera. **Merkmale:** Kleinere Käfer mit schmalem Körper und recht langen, fadenförmigen Fühlern. Flügeldecken und Körper sind sehr weich und haben der Gruppe den Namen gegeben. Dadurch unterscheiden sie sich auch von den ähnlichen Bockkäfern. Die Flügeldecken sind schwärzlich, während das Bruststück, der Kopf und Teile der Beine rotbraun gefärbt sind. Körperlänge 10–15 mm. **Vorkommen:** Weichkäfer findet man im Sommer oft in größerer Anzahl in der Vegetation und vor allem an Blüten, wo sie ihre Nahrung suchen. Sie sind am Tage aktiv. **Entwicklung, Lebensweise:** Die dunkel und samtartig behaarten Larven leben am Boden und jagen hauptsächlich Schnecken. Sie überwintern und können manchmal auch auf Schnee gefunden werden, dann Schneewürmer genannt. Die erwachsenen Käfer gehen ebenfalls auf Beutefang. Da sie sehr variabel gefärbt sind, ist die Artbestimmung schwierig und oft nur nach anatomischen Merkmalen möglich. Die bunte Streifung, die bei manchen Arten deutlich zu sehen ist, hat ihnen im Volksmund den Namen Soldatenkäfer gegeben. Man findet bei uns über 100 Arten.

Feuerkäfer
Pyrochroa coccinea

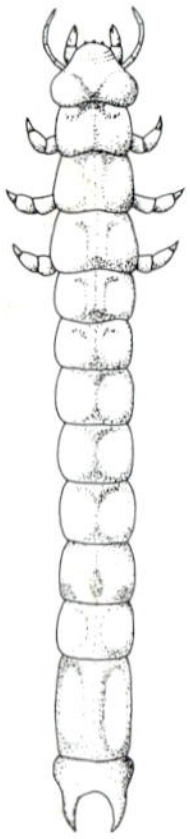

Larve

Käfer, Coleoptera. **Merkmale:** Ein etwas gestreckt geformter Käfer, der etwas nach hinten verbreitert ist. Halsschild und Flügeldecken sind leuchtend rot, der Kopf, die langen, kurz gefiederten Fühler und die Beine schwarz gefärbt. Durch die Färbung ist das Tier leicht zu erkennen. Körperlänge 14–18 mm. **Vorkommen:** Nicht selten im Wald an gefällten Bäumen, an Blüten und besonnten Blättern auf Lichtungen. Man findet ihn von Mai an. **Entwicklung, Lebensweise:** Die flache Larve (s. Grafik) lebt unter der Rinde abgestorbener Baumstümpfe, wo sie nach anderen Insekten jagt, zum Beispiel nach Borkenkäfern, und so ein wichtiges Glied im Zusammenspiel zwischen schädlichen und nützlichen Arten bildet. Sie überwintert einmal bis mehrfach und verpuppt sich unter der Rinde. Der Käfer selbst ist ebenfalls ein eifriger Beutejäger. Es gibt einige ähnliche Arten, die sich durch schwarze Punkte am Halsschild oder rot gefärbten Kopf unterscheiden.

Buchdrucker
Ips typographus

Käfer, Coleoptera. **Merkmale:** Ein kleiner Käfer von walzenförmiger Gestalt, wobei das mächtige, gewölbte Halsschild den Kopf von oben fast verdeckt. Es ist schwarz gefärbt, punktiert und gehöckert. Die längsgerillten Flügeldecken sind heller bräunlich, am Hinterende schräg abgeflacht und mit einer Reihe von Zähnen an der Abflachung besetzt. Diese Mulde wird als Schaufel benützt, wenn der Käfer im Holz bohrt. Die kurzen, gekolbten Fühler und die Beine sind gelbbraun. Das ganze Tier ist dicht und fein behaart. Körperlänge 4–5 mm. **Vorkommen:** In der gemäßigten Region in Nadelwäldern, besonders bei Fichte, oft in Wind- und Schneebrüchen; 1–2 Generationen jährlich. **Entwicklung, Lebensweise:** Das Männchen legt unter der Rinde eine Kammer an, in die meist 2 Weibchen zufliegen, dort befruchtet werden und dann nach oben und nach unten je einen Muttergang bohren, wo sie seitlich die Eier ablegen. Die Larven bohren Seitengänge und erzeugen so ein charakteristisches Fraßbild (s. Grafik). Am Ende der Fraßgänge verpuppen sich die Larven. In Jahren mit viel Waldschäden vermehren sich die Käfer sehr stark und können dann in der Folge auch gesunde Bäume befallen.

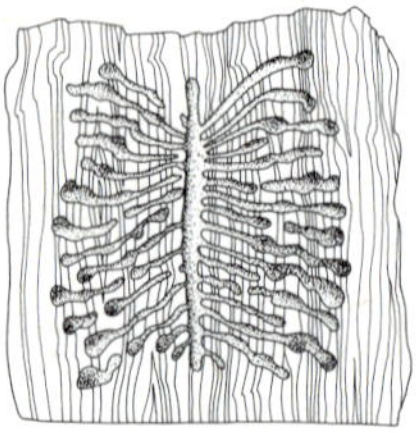

Fraßbild

Rüsselkäfer
Liparus glabrirostris

Käfer, Coleoptera. **Merkmale:** Ein recht großer, dunkler Käfer mit breitem Kopffortsatz. Die Körperform ist in allen Teilen gestreckt-gerundet, ohne Schultern. Alle Teile sind leicht glänzend. Auf den Flügeldecken gibt es Flecken aus helleren, gelbbraunen Schuppenbüscheln. Der Kopffortsatz trägt am Ende die beißenden Mundwerkzeuge und auf der Mitte die Fühler, die ihrerseits in der Mitte gekniet sind. Sie können bei Störung in eine am Kopf längslaufende Rille eingeklappt werden. Die dunkel gefärbten Beine sind sehr kräftig. Körperlänge um 15 mm. **Vorkommen:** Im Frühjahr und Sommer findet man diesen Käfer in Berggebieten an feuchten Stellen an verschiedenen Pflanzen und Blüten, von denen er lebt. **Entwicklung, Lebensweise:** Die Larven sind madenförmig, haben also keine Beine. Sie leben im Innern ihrer Nahrungspflanzen, meist in Stengeln und Wurzeln. Die Käfer selbst findet man auf Doldenblütlern, Huflattich und anderen Pflanzen oft in der Uferregion von Bächen.

Es gibt eine Vielzahl weiterer Rüsselkäfer, die oft nicht leicht zu unterscheiden sind, von denen viele auch nicht fliegen können. Meist sind es sehr träge Tiere, die sich bei Gefahr fest an die Unterlage klammern.

Blattwespe

Allantus-Art

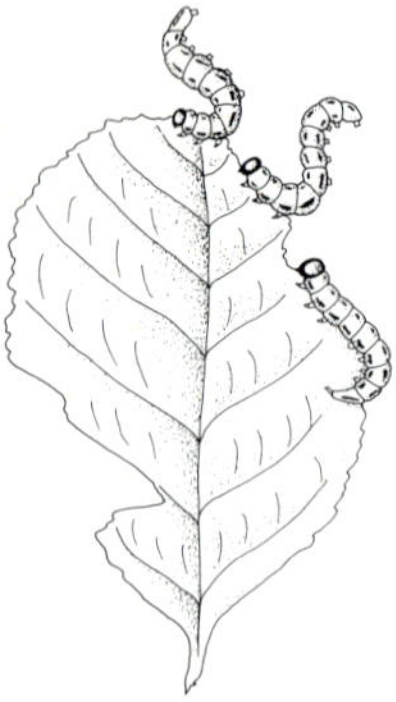

Larven

Hautflügler, Hymenoptera. **Merkmale:** Das Aussehen erinnert an eine kleine Wespe mit glasigen Flügeln und schwarz-gelber Ringelung des Körpers. Im Gegensatz zu den echten Wespen fehlt aber die »Wespentaille«, jener dünne Stiel, der bei diesen Brust und Hinterleib verbindet. Körperlänge 12 mm. **Vorkommen:** Blattwespen sind weit verbreitet und nicht selten; wegen ihrer Unauffälligkeit beobachtet man sie aber nicht so oft und vielfach werden sie mit echten Wespen verwechselt. Sie sind bei Tage im Sonnenschein aktiv und besuchen gerne Blüten, besonders Doldenblütler. **Nahrung:** Die erwachsenen Tiere leben von Blütenpollen. Die Larven sind Pflanzenfresser. **Entwicklung, Lebensweise:** Das weibliche Tier schneidet mit dem Legebohrer Löcher in die Pflanzen und legt seine Eier in diese. Die Larven, die an Schmetterlingsraupen erinnern und oft sehr bunt sind, sitzen gerne an den Blatträndern und biegen bei Gefahr ihren Körper in die Höhe (s. Grafik). Es gibt eine Reihe von Arten, darunter auch schädlich werdende, und einige, die Gallen erzeugen, in denen die Larven heranwachsen.

Schlupfwespe

Ichneumonidae-Art

Hautflügler, Hymenoptera. **Merkmale:** Schlanke Wespen mit farbigen Zeichnungen am Körper und langen Fühlern und Beinen. Sehr lang ist auch der Legebohrer der Weibchen. Körperlänge 15–20 mm. **Vorkommen:** Schlupfwespen findet man fast überall in der Vegetation während der wärmeren Jahreszeiten. **Nahrung:** Die Wespen besuchen Blüten, ihre Larven leben parasitisch im Körperinnern von Schmetterlingsraupen oder anderen Wirten. **Entwicklung, Lebensweise:** Die weiblichen Schlupfwespen laufen fast immer mit vibrierenden Fühlern in der Vegetation herum und suchen nach Wirtstieren. Haben sie eines gefunden, so stechen sie mit ihrem feinen Legebohrer ein oder mehrere Eier in das Körperinnere. Die Larve ernährt sich zunächst nur von den Speicherstoffen der Raupe, ohne ihr zu schaden. Erst gegen Ende der Entwicklung stirbt die Raupe und die Larve verpuppt sich.

Schlupfwespen sind ein sehr wesentlicher Faktor in der Kontrolle der oft schädlichen Schmetterlingsraupen und werden heute in der modernen biologischen Schädlingsbekämpfung eingesetzt. Man züchtet sie dazu in Massen.

Brackwespe
(Puppenkokons)
Apanteles glomeratus

(Foto oben)

Hautflügler, Hymenoptera. **Merkmale:** Kleine, eher gedrungene Wespen von dunkler Farbe. Körperlänge 2 mm. Häufiger als die Wespen selbst findet man die Puppenkokons an abgestorbenen Schmetterlingsraupen. Sie sind von gelber Farbe, eiförmig und zu mehreren beisammen neben der toten Raupe (s. Foto). Länge 2 mm. **Vorkommen:** Brackwespen und ihre Kokons sind fast überall zu finden, die Kokons häufig an Hausmauern oder Zäunen in der Nähe von Kohlfeldern, auf denen Kohlweißlingsraupen leben – besonders im Spätsommer. **Entwicklung, Lebensweise:** Die Wespe sticht Raupen an und legt ihre Eier in das Körperinnere. Dort entwickeln sich die Larven, oft bis zu 150 an Zahl, bis die Raupe zur Verpuppung abwandert und meist an Mauern emporklettert. Nun wird die Raupe getötet und die Larven verlassen ihr Inneres und spinnen daneben die gelben Kokons, in denen sie sich verpuppen. Der Volksmund nennt sie Raupeneier.
Durch die Kontrolle von Schädlingen wie Kohlweißlingsraupen erweisen sich die Brackwespen als sehr nützliche Tiere.

Rosengallwespe
(Galle)
Diplolepis rosae

(Foto unten links)

Imago

Hautflügler, Hymenoptera. **Merkmale:** Eine große Galle mit zottiger Oberfläche, zunächst grün, später rot und braun gefärbt. Man findet diese Gebilde nicht selten an Heckenrosen. Die Gallen können bis zu faustgroß werden und sind im Inneren mehrkammerig. Sie entstehen durch Einwirkung der Larven, die im Innern leben (vgl. S. 118). Früher nahm man an, daß diese Gallen den Schlaf fördern, man legte sie unters Kopfkissen und nannte sie Schlafäpfel. Die nach der Verpuppung der Larven aus den Gallen schlüpfenden Imagines (s. Grafik) sind 3,5–6,5 mm groß. Ihr Kopf, die fadenförmigen Fühler und die Brust sind schwarz, Hinterleib und Beine sind bräunlich gefärbt.

Eichengallwespe
(Galle)
Cynips quercusfolii

(Foto unten rechts)

Hautflügler, Hymenoptera. **Merkmale:** Kugelrunde, grün und rot gefärbte Gebilde an Eichenblättern. Sie werden von den Larven der Gallwespe hervorgerufen (vgl. S. 118) und sind nicht selten zu finden. Es entwickeln sich daraus nur Weibchen, die überwintern und im Frühjahr ohne Befruchtung Eier legen. Daraus entstehen dann im Sommer Männchen und Weibchen, deren Nachkommen wiederum nur Weibchen sind.

Goldwespe
Chrysis ignita

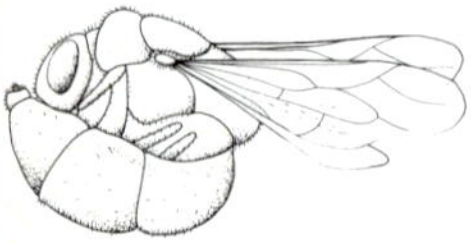

eingerollte Wespe (Schutzfunktion)

Hautflügler, Hymenoptera. **Merkmale:** Die kleine Wespe zeichnet sich durch ihre schönen, metallisch glänzenden Farben aus, Kopf und Brust grün, Hinterleib purpurn, und ist dadurch unverkennbar. Am Hinterleibsende 4 spitze Zähnchen. Körperlänge 8–10 mm. **Vorkommen:** Auf warmen, offenen Böden von April bis September, wo sie eifrig am Boden und in der Vegetation herumlaufen. Sie suchen dabei die Nester ihrer Wirtsarten. **Entwicklung, Lebensweise:** Während sich die erwachsenen Wespen von Pflanzensäften ernähren, leben ihre Larven in den Brutzellen einzeln lebender Bienen und Wespen (s. unten) als Parasiten. Dorthin schleicht sich die Goldwespe ein und legt ein Ei. Die daraus schlüpfende Larve ernährt sich von der Larvennahrung des Wirts und von dessen Larve, die dabei getötet wird. Ein sehr harter Chitinpanzer des Körpers schützt die Goldwespe vor den Angriffen ihrer Wirte. Sie können sich ausserdem fast kugelig zusammenrollen, so daß die Angriffsfläche stark verkleinert wird (s. Grafik). Es gibt einige ähnliche Arten, jedoch mit unterschiedlichen Wirten und mit etwas verschiedenen Färbungen.

Grabwespe
Sphecidae-Art

Hautflügler, Hymenoptera. **Merkmale:** Schlanke Wespen von dunkler Färbung mit ziegelroten Bändern am Hinterleib. Sie laufen häufig am Boden oder in der Vegetation herum. Körperlänge rund 15 mm. **Vorkommen:** Weit verbreitete und recht häufige Tiere, besonders auf sandigen Böden in offenem Gelände. Vom Frühjahr bis zum Herbst. **Nahrung:** Die Wespen selbst besuchen Blüten; ihre Larven ernähren sich aber von Schmetterlingsraupen, die die Mutter betäubt hat und herbeiträgt. **Entwicklung, Lebensweise:** Die Wespe gräbt ein Loch in den Boden und geht dann auf Raupenjagd. Hat sie eine gefunden, so injiziert sie ihr Gift in die Bauchseite der Raupe, wodurch diese gelähmt wird, aber noch nicht stirbt. Die Raupe wird in das Loch im Boden geschafft, dort wird ein Ei daran gelegt und dann das Loch verschlossen. Die Larve ernährt sich nun von der Raupe, ohne diese aber zunächst zu töten. Dies geschieht erst im Endstadium der Entwicklung. Die fertige Wespe schlüpft erst im folgenden Jahr aus ihrer Höhle.

Rote Waldameise

Formica rufa

Weibchen

Männchen

Hautflügler, Hymenoptera. **Merkmale:** Von typischer Ameisengestalt, die Männchen ganz schwarz, die Weibchen schwarz und rot, ähnlich auch die ungeflügelten Arbeiterinnen. Auf dem Kopf sitzen Fühler, die geknickt sind. Ameisen besitzen kauende Mundwerkzeuge. Flügel gibt es nur bei den Geschlechtstieren (vgl. Grafiken); sie werden nach dem Paarungsflug abgeworfen. Körperlänge 4–11 mm. **Vorkommen:** Besonders in Nadelwäldern weit verbreitet und häufig. Die Art bewohnt große Bauten, die oberirdisch aus Nadeln und kleinen Zweigstücken bestehen und viele Jahre ausdauern. **Nahrung:** Eingetragen werden kleine Insekten und andere Tiere, aber auch süße Säfte und Ausscheidungen von Blattläusen. **Entwicklung, Lebensweise:** Nach der Paarung und dem Abwerfen der Flügel beginnt das weibliche Tier, die Königin, ein neues Volk zu gründen. An geeigneter Stelle im Boden baut sie kleine Kammern, in die die ersten Eier abgelegt werden. Bald gibt es die ersten Arbeiterinnen (verkümmerte Weibchen), die nun alle Arbeiten ausführen, den Bau erweitern, Baumaterial zusammentragen, Nahrung suchen und die Larven und Puppen betreuen. Im Bau wird für ein möglichst gleichmäßiges Klima gesorgt. Dabei verständigen sich die Tiere untereinander durch Betasten mit den Fühlern (s. Foto). Ein anderes Kommunikationsmittel sind Duftstoffe, die man auch Sozialhormone nennt. Zu bestimmten Zeiten entstehen die geflügelten Geschlechtstiere, die den Bau verlassen. Die Zahl der Tiere, die einen großen Bau bewohnen, kann über 100 000 betragen.

Geschützt.

Rote Knotenameise

Myrmica rubra

Hautflügler, Hymenoptera. **Merkmale:** Diese Art ist wesentlich kleiner als die vorhergehende, hat einen zweigliedrigen Hinterleibsstiel und am Bruststück 2 nach hinten gerichtete Dornen. Die Männchen dieser Art sind schwarz gefärbt, Königin und Arbeiterinnen kastanienbraun. Letztere haben einen Wehrstachel. **Vorkommen:** Auf Wiesen und in Gartenböden weit verbreitet und oft häufig, sogar lästig. Die Tiere sind besonders im Sommer und Herbst zu beobachten, sowohl in ihren Erdhügelbauten als auch in Paarungsschwärmen. **Entwicklung, Lebensweise:** Bewohner offener Landschaften und Allesfresser. Einige Schmetterlingsraupen aus der Gruppe der Bläulinge leben zeitweise als Parasiten in den Nestern dieser Ameise. Es gibt einige sehr ähnliche Arten.

Feldwespe

Polistes gallicus

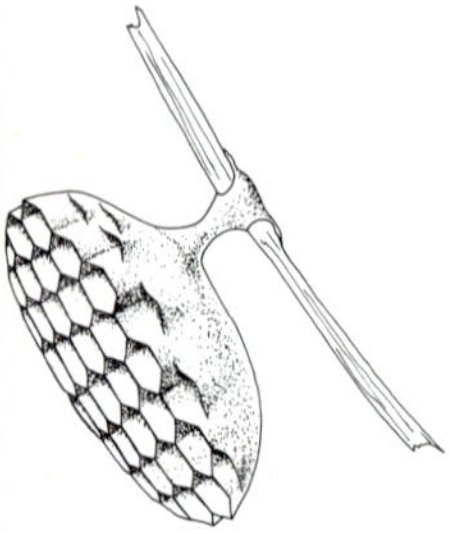

Nest

Hautflügler, Hymenoptera. **Merkmale:** Eine sehr schlanke Wespe mit der typisch schwarz-gelben Zeichnung, die aber stark variieren kann. Die schwach getönten Flügel werden in Ruhe über dem Rücken zusammengefaltet. Körperlänge 15–25 mm. Die weiblichen Tiere (Königinnen) sind größer als die Arbeiterinnen und auch als die männlichen Tiere. **Vorkommen:** Häufiger in den südlichen Teilen Mitteleuropas in offenen Fluren bis zum Herbst. **Entwicklung, Lebensweise:** Von allen Wespen überwintert allein die Königin. Sie beginnt im Frühjahr mit dem Bau eines Nests, das aus abgenagten Holzteilen besteht. Bei der Feldwespe wird es völlig frei an einem Stiel an kräftigen Pflanzenstengeln oder in Gebäuden befestigt (vgl. Grafik). In den Waben entwickeln sich die Larven, werden mit zerkauter Raubbeute gefüttert und verpuppen sich auch darin. Zuerst werden die Larven von der Königin betreut, später von den Arbeiterinnen. Im Herbst entstehen neue Königinnen und männliche Tiere. Nachdem diese das Nest verlassen haben, werden die Arbeiterinnen beschäftigungslos und suchen nun nach süßen Sachen, wobei sie sehr lästig werden können. Mit Eintritt des Winters überleben nur die Königinnen, während alle anderen Individuen sterben.

Deutsche Wespe

Vespula germanica

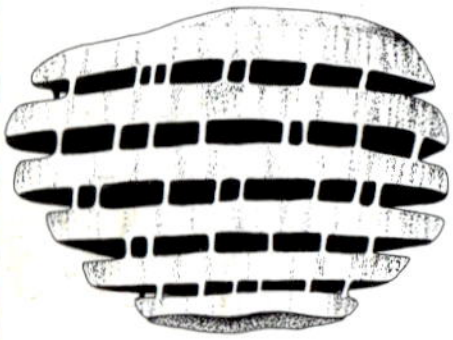

innerer Aufbau
eines Wespennestes
(Außenhülle entfernt)

Hautflügler, Hymenoptera. **Merkmale:** Wespen sind allbekannte Tiere durch ihre Körperform und die schwarz-gelbe Zeichnung. Ihre Fühler sind ziemlich dick und die Mundwerkzeuge kauend. Ihr Legebohrer ist zu einem Giftstachel umgewandelt, den sie zur Abwehr und zum Beutefang einsetzen. Die Körperlänge beträgt etwa 15 mm. **Vorkommen:** Weit verbreitet und besonders im Sommer und Herbst häufig zu beobachten, vor allem wenn sie von Obst und Süßigkeiten angelockt werden. **Entwicklung, Lebensweise:** Wespen entwickeln sich in papierartigen, meist kugeligen Nestern, die im Boden oder Gebäuden angelegt werden (s. Grafik). Die Larven in den waagerecht angeordneten Waben werden mit zerkauter Raubbeute gefüttert, während die erwachsenen Tiere von Pflanzensäften leben. Neben den Arbeiterinnen entstehen im Herbst Weibchen, Königinnen und Männchen. Nach der Begattung geht der Staat zugrunde und nur die befruchteten Weibchen überwintern. Im folgenden Frühjahr wird stets ein neues Nest gebaut, alte werden nicht mehr benützt. Es gibt eine Zahl ähnlicher Arten mit unterschiedlicher Zeichnung.

Honigbiene
Apis mellifica

Drohne

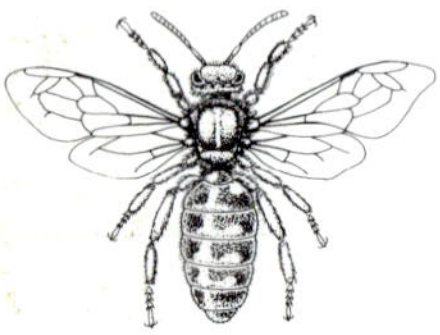
Königin

Hautflügler, Hymenoptera. **Merkmale:** Die allbekannte Honigbiene ist dunkelbraun gefärbt und am Körper leicht behaart. Ihre glasigen Flügel haben einen schwach bräunlichen Ton. An den Hinterbeinen finden sich Vorrichtungen zum Einsammeln von Blütenpollen, sie haben einen Giftstachel und ihre Mundwerkzeuge sind zu einer Art Saugrüssel geformt. Die männlichen Tiere (Drohnen; s. Grafik), haben keinen Stachel, sind größer und breiter als die Arbeiterinnen und ihre großen Augen stoßen auf der Stirnmitte zusammen. Die Königin ist wie eine Arbeiterin gebaut, aber deutlich größer (s. Grafik). Körperlänge 15–21 mm. **Vorkommen:** Als Haustier des Menschen weit verbreitet und häufig; wilde oder verwilderte Bienen gibt es nur selten. Sie fliegt in allen wärmeren Monaten und ihre Stöcke sind vieljährig. **Nahrung:** Bienen und ihre Larven ernähren sich von Blütenpollen und Honig. **Entwicklung, Lebensweise:** Bienen leben in umfangreichen Bauten, die aus regelmäßig sechskantigen Zellen in Waben zusammengesetzt sind. Hier legt die Königin im Lauf eines mehrjährigen Lebens zahllose Eier. Die Larven werden von den jungen Arbeiterinnen gepflegt und gefüttert. Ältere Bienen sind für das Eintragen der Nahrung zuständig. Sie besuchen Blüten und teilen ergiebige Quellen durch Schwänzeltanz den anderen Bienen mit. Himmelsrichtung, Entfernung und Ergiebigkeit werden in dem Tanze ausgedrückt. Es werden auch Vorräte in besonderen Waben in Form von Honig angelegt, was vom Menschen ausgenützt wird.

Zur Aufzucht von Königinnen wird eine besondere Nahrung an die Larven verfüttert, die aus einer Mischung von Drüsensekreten mit der üblichen Blütennahrung besteht. Die Larven, die in größeren Zellen leben, entwickeln sich dann zu fruchtbaren Weibchen, während die Larven aus kleineren Zellen mit gewöhnlicher Nahrung nur Arbeiterinnen (unfruchtbare Weibchen) ergeben. Die Drohnen entstehen aus unbefruchteten Eiern. Nach dem Schlüpfen der jungen Königin verläßt die alte Königin mit einem Schwarm den Bau. Die erste junge Königin tötet nun alle noch vorhandenen Königinlarven und begibt sich dann mit den Drohnen auf Hochzeitsflug, bei dem sie sich mit mehreren Drohnen paart. Sie kehrt dann in den Bau zurück. Das kann sich jährlich mehrmals wiederholen. Bis weit über 50 000 Bienen können ein Volk bilden. Im Herbst werden alle Drohnen getötet.

Geschützt.

Erdhummel
Bombus terrestris

Hautflügler, Hymenoptera. **Merkmale:** Diese Hummel mit ihrer typischen pelzigen Behaarung hat einen rötlichgelben Halskragen, ein rotbraunes Band am Hinterleib und ein fast weißes Körperende. Die Flügel sind fast farblos und die Beine in der Regel rotbraun. Es gibt allerdings eine Reihe von Farbvarianten, die die Bestimmung oft erschweren, da es noch andere Hummeln gibt, die ähnlich aussehen. Natürlich gibt es auch Unterschiede bei den verschiedenen Kasten, den Königinnen, den weiblichen Arbeiterinnen, die kleiner sind, und den männlichen Tieren. **Vorkommen:** Weit verbreitet und häufig, hauptsächlich in offenem Gelände, Wiesen, Äcker, Parks und Gärten; leicht zu beobachten. Sie besuchen gerne Blüten. **Entwicklung, Lebensweise:** Ähnlich wie bei der Feldhummel (s. unten). Das Nest dieser Art kann bis zu 300 Individuen enthalten.
Geschützt.

Feldhummel
Bombus agrorum

Nest

Hautflügler, Hymenoptera. **Merkmale:** Wie alle Hummeln ist diese Art ziemlich groß und dicht behaart. Sehr charakteristisch ist die rotbraune Färbung des Bruststücks, während der Hinterleib weniger auffallend heller und dunkler geringelt ist. Bei den Weibchen, die als Königinnen zu bezeichnen sind, ist das Hinterende des Körpers deutlich rotbraun. Es gibt aber, wie bei fast allen Hummeln, zahlreiche Varianten der Körperfärbung. **Vorkommen:** Weit verbreitet und nicht selten in den verschiedenen Kastenstadien fast das ganze Jahr über. Sie kommen vor allem in offenem Gelände vor, wo sie gerne Blüten besuchen. **Entwicklung, Lebensweise:** Bei den Hummeln überwintern nur die voll entwickelten Weibchen, die als Königinnen bezeichnet werden. Im Frühjahr suchen diese Tiere eine geeignete Stelle für den Neubau eines Nests (s. Grafik), da niemals ein altes wieder bezogen wird. Die Königin sucht zum Beispiel Mäuselöcher oder andere Höhlen auf und beginnt dort runde Behälter aus Wachs anzufertigen. Darin wird Blütenpollen eingebracht und ein Ei abgelegt. Die jungen Larven ernähren sich von den Blütenpollen, werden später aber von der Königin gefüttert. Die reifen Larven spinnen dann runde Kokons, die nach dem Schlüpfen der Tiere als Honigbehälter Verwendung finden. Davon können sich die vielen kleinen Arbeiterinnen-Hummeln ernähren. Hummeln sind wichtige Blütenbestäuber, die dank ihres langen Rüssels auch in langröhrige Blüten hineinreichen.
Geschützt.

Skorpionfliege
Panorpa communis

Schnabelfliegen, Mecoptera. **Merkmale:** Schlanke Tiere mit schmalen Flügeln, die ein netzartiges Geäder aufweisen und ein einfaches Zeichnungsmuster aus dunklen Flecken auf der Mitte der Flügel und an deren Enden. Körper dunkel gefärbt, aber auf Brust und Rükken hellere Flecken. Beim Männchen am Ende des Hinterleibs eine rotbraune Greifapparatur, die an den Hinterleib eines Skorpions erinnert (s. Foto). Die Fühler sind lang und fadenförmig. **Vorkommen:** In ganz Europa weit verbreitet und nicht selten vom Frühjahr bis zum Herbst; meist in der Vegetation sitzend, vor allem in Gebüschen, auf der Lauer nach Beute. **Nahrung:** Die Insekten sind Räuber oder suchen nach Früchten, während sich die raupenähnlichen Larven räuberisch im Boden ernähren. **Entwicklung, Lebensweise:** Die Larven überwintern. Es gibt bei uns nur eine Generation im Jahr, in südlicheren und wärmeren Gegenden können 2–3 Generationen auftreten. Dort gibt es die »Fliegen« auch das ganze Jahr über. Die Zahl der Arten ist gering, man rechnet mit rund 30 in Europa; einige davon mit besonderen Lebensweisen, z. B. der Schneefloh mit stark verkleinerten Flügeln, der an sonnigen Tagen auf dem Schnee herumläuft.

Köcherfliege
Limnephilidae-Art

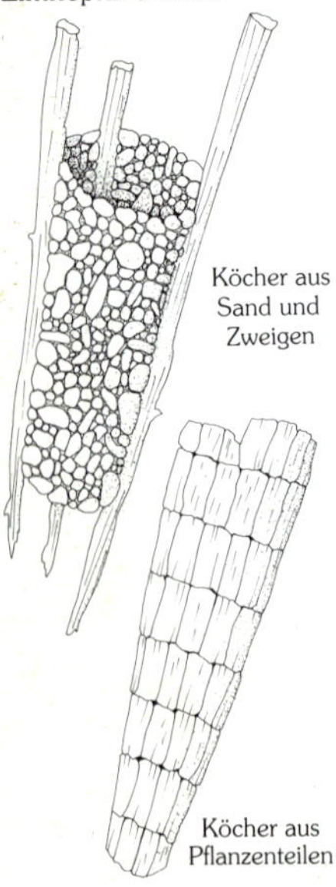

Köcherfliegen, Trichoptera. **Merkmale:** Eine große Gruppe von eher »mottenartigem« Aussehen, relativ schmalflügelig, mit behaarten Flügeln, also ohne Schuppen wie bei den Schmetterlingen. Die Flügel sind oft ungefärbt oder einfarbig braun oder grau, aber auch mit angedeuteten Fleckenzeichnungen, wie bei der abgebildeten Art. In Ruhe legen sie die Flügel dachartig zusammen und strecken die kräftigen Fühler nach vorn. Die Mundwerkzeuge sind kaum zur Nahrungsaufnahme geeignet, zeigen aber einige ursprüngliche Merkmale wie große zweite Taster. Zur Bestimmung sind Flügelgeäder und Bedornung der Beine von Bedeutung. Spannweite 5–25 mm. **Vorkommen:** Da sich die Tiere in Gewässern entwickeln, sind sie hauptsächlich an solche gebunden, können aber auch in bedeutender Entfernung davon gefunden werden. Je nach Art können sie fast das ganze Jahr über auftreten, gelegentlich in großer Anzahl. **Entwicklung, Lebensweise:** Die Larven der Köcherfliegen leben im Wasser in sehr charakteristischen Gehäusen, Köchern (s. Grafik), in denen sie sich auch verpuppen. Vor dem Schlüpfen befreit sich die Puppe aus dem Köcher und schwimmt zur Oberfläche, wo das Insekt schlüpft.

Schwalbenschwanz
Papilio machaon

Raupe

Schmetterlinge, Lepidoptera. **Merkmale:** Grundfarbe gelb, mit schwarzer, netzförmiger Zeichnung. Hinterflügel geschwänzt, am Innenwinkel ein rot-blaues Auge, entlang des Hinterrandes mit bläulichen Flecken. Spannweite 60–80 mm. **Vorkommen:** Weit verbreitet, auf Wiesen und in Gärten, häufig um Hügelkuppen. In 2 Generationen im Frühjahr und Sommer. **Nahrung:** Der Falter besucht gerne Blüten um Nektar zu saugen. Die Raupe (s. Grafik) lebt an doldenblütigen Pflanzen wie Dill, Kümmel und Fenchel. **Entwicklung, Lebensweise:** Die im Herbst erwachsenen Raupen verpuppen sich und überwintern als Puppe, die braun gefärbt ist. Die Falter der Frühjahrgeneration erzeugen dann Raupen, die sich in meist grüne Sommerpuppen verwandeln. Diese entlassen schon nach 2–3 Wochen die Falter der Sommergeneration. Die männlichen Tiere sammeln sich oft auf Hügelkuppen und erwarten dort in unermüdlichem Flug die weiblichen Tiere, die solche Stellen zum Finden der Partner aufsuchen.
Geschützt, gefährdet.

Zitronenfalter
Gonepteryx rhamni

Schmetterlinge, Lepidoptera. **Merkmale:** Ein recht großer Schmetterling mit Spitzen an beiden Flügeln. Die männlichen Falter sind leuchtend zitronengelb, die weiblichen gelblichweiß, beide mit einem orange Fleck auf der Mitte aller Flügel. Spannweite um 60 mm. **Vorkommen:** Überall in Waldnähe auf Wiesen verbreitet und nicht selten. Die Falter fliegen 3mal (s. u.) im Jahr: März bis April, Juli und September. **Nahrung:** Die Falter besuchen gerne Blüten, die Raupe lebt an Faulbaum und an Kreuzdorn. **Entwicklung, Lebensweise:** Der Zitronenfalter ist der am längsten lebende Falter, er erreicht als erwachsenes Tier 9 Monate. Das ist in seinem eigenartigen Lebenszyklus begründet. Im Frühjahr fliegen überwinternde Falter, die alsbald Eier legen und nach 3 Monaten als Raupe und Puppe die nächste Generation ergeben. Diese fliegt kurze Zeit im Juli und hält dann eine Sommerruhe, das heißt, die Falter sitzen unbeweglich für 1–2 Monate. Im Herbst wachen sie nochmals auf, fliegen einige Wochen zur Nahrungsaufnahme und fallen dann in Winterruhe, die bis zum folgenden Frühjahr dauert. Dazu setzen sie sich völlig ungeschützt im Freien an einen Zweig und verharren unbeweglich. Tiefe Temperaturen schaden nicht.

Großer Kohlweißling

Pieris brassicae

Schmetterlinge, Lepidoptera. **Merkmale:** Ein großer, weißer Falter mit schwarzen Flügelspitzen und beim Weibchen zusätzlich zwei schwarzen Flecken auf dem Vorderflügel. Spannweite 60–70 mm. **Vorkommen:** Die Falter erscheinen im Frühjahr und fliegen bis zum Herbst in 2–3 Generationen. Man findet sie in offenem Gelände, Wiesen, Gärten und dergleichen. **Nahrung:** Die Falter besuchen Blüten. Die Raupe lebt an Kohlpflanzen und kann bei Massenvermehrung erheblichen Schaden anrichten. **Entwicklung, Lebensweise:** Die Frühjahrstiere schlüpfen aus überwinternden Puppen und suchen dann gerne wildwachsende Kreuzblütler auf. Sommertiere sind wesentlich häufiger und legen nun ihre Eier auf kultivierte Kohlpflanzen. Dazu wandern sie unstet umher und ziehen manchmal in dichten Scharen von Feld zu Feld. Gesteuert werden diese Wanderungen hauptsächlich durch den Wind. Die Raupen werden häufig von Brackwespen befallen (auf Seite 80 abgebildet und beschrieben). Dadurch wird ihre Zahl erheblich verringert.

Distelfalter

Vanessa cardui

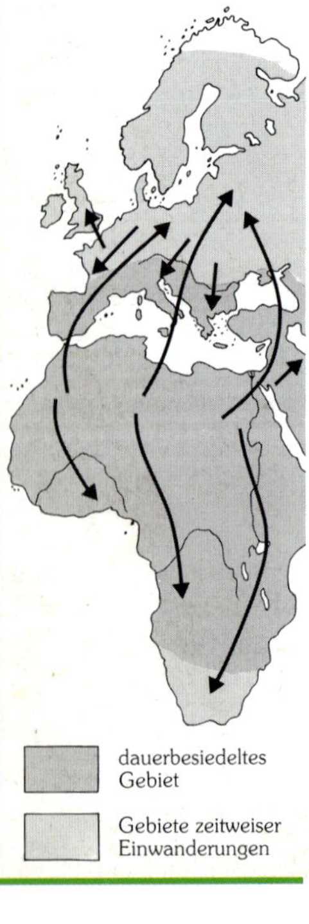

Schmetterlinge, Lepidoptera. **Merkmale:** Ein großer, braun, schwarz und weiß gefleckter Falter, der durch diese Farbkombination auf dem Boden ruhend gut getarnt ist. Spannweite 50–60 mm. **Vorkommen:** Als Wanderfalter erscheinen die Tiere bei uns in unterschiedlicher Zahl von Mai an und fliegen dann bis Oktober überall in offenem Gelände. **Nahrung:** Die Falter besuchen Blüten. Die Raupe lebt an Disteln, Brennesseln und vielen anderen Pflanzen. **Entwicklung, Lebensweise:** Die Art ist eigentlich Bewohner subtropischer und tropischer Steppen und kann deshalb den Winter bei uns nicht überdauern. In bestimmten Jahreszeiten wird die Nahrung durch Trockenheit in seiner Heimat knapp und die Tiere wandern dann ab. Bei günstigen Windverhältnissen gelangen sie über Mittelmeer und Alpen auch zu uns, vereinzelt sogar über das Meer bis Island (s. Grafik, die Pfeile zeigen die Wanderwege an). Es ist deshalb nicht verwunderlich, wenn die Art mit Ausnahme von Südamerika auf der ganzen Erde verbreitet ist. Die Flugleistung dieser Tiere ist erstaunlich.

Tagpfauenauge

Inachis io

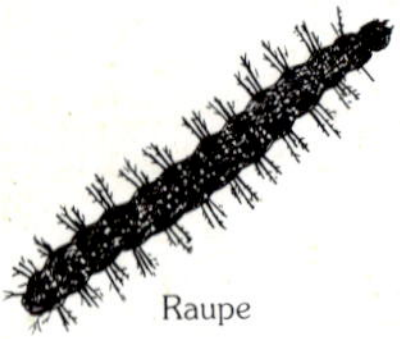

Raupe

Schmetterlinge, Lepidoptera. **Merkmale:** Der große, rotbraun gefärbte Falter ist durch große Augenflecken auf allen vier Flügeln gekennzeichnet. Die Vorderflügel haben deutliche Zacken am Außenrand. Unterseits ist das Tier grauschwarz gefärbt und so sitzend ausgezeichnet getarnt. Spannweite 50–60 mm. **Vorkommen:** Überall in offenem Gelände und an Waldrändern verbreitet und recht häufig. In 2 Generationen fast das ganze Jahr, nach der Überwinterung schon im zeitigen Frühjahr. **Nahrung:** Die Falter besuchen Blüten. Die Raupe lebt in Gesellschaften an Brennesseln. **Entwicklung, Lebensweise:** In den ersten Frühjahrstagen mit warmem Sonnenschein werden die Falter bereits aus ihren Verstecken hervorgelockt, in denen sie den Winter überdauert haben. Sie legen nun ihre Eier auf austreibende Brennesseln und bald sind diese von Raupengesellschaften bevölkert. Obwohl diese in lockeren Gespinsten leben und zahlreiche Dornen tragen (s. Grafik), werden sie von Schlupfwespen dezimiert. Die Nachkommen der Sommertiere, die im August erscheinen, überwintern als Falter.

Admiral

Vanessa atalanta

Schmetterlinge, Lepidoptera. **Merkmale:** Ein großer Schmetterling, der auf dunklem Grund leuchtend rote und weiße Zeichnungen aufweist. Die Vorderflügel sind am Außenrand geeckt. Auf der Unterseite gibt es eine marmorierte Zeichnung, die eine ausgezeichnete Tarnung darstellt. Spannweite 50–60 mm. **Vorkommen:** Als Wanderfalter ist die Art sehr wechselnd in ihrer Häufigkeit; sie fliegt von Mai ab bis zum Herbst in offenem Gelände und findet sich oft in Gärten. **Nahrung:** Die Falter besuchen Blüten, im Herbst sehr gerne auch faulendes Fallobst. Die Raupe lebt meist an Brennnesseln. **Entwicklung, Lebensweise:** Die Falter können den Winter bei uns nur selten überdauern und wandern fast jedes Jahr in wechselnder Zahl aus dem Mittelmeergebiet bei uns ein. Im Gegensatz zum Distelfalter wandern sie jedoch nicht in Scharen, sondern einzeln. Einige der Tiere versuchen im Herbst nach Süden zurückzukehren, können den Wall der Alpen zu dieser Jahreszeit aber kaum überwinden. Der Rest fliegt bis in den Spätherbst und die ersten starken Fröste setzen diesen Tieren ein Ende.

Kleiner Fuchs

Aglais urticae

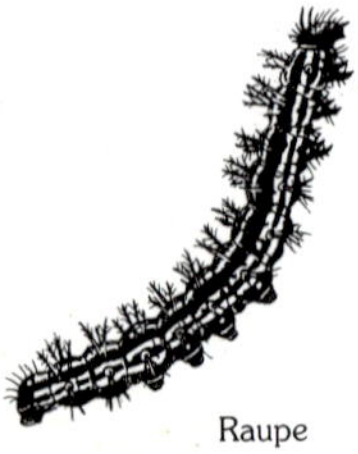

Raupe

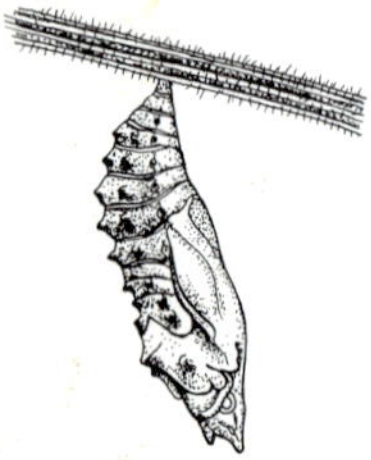

Stürz- oder Hängepuppe

Schmetterlinge, Lepidoptera. **Merkmale:** Ein mittelgroßer Falter mit gezackten Flügelrändern und rotbrauner Grundfarbe, die mit schwarzen, weißen und gelblichen Flecken bedeckt ist. Die Flügelränder zeigen eine Reihe blauer Flecken. Die Unterseite ist sehr unscheinbar schwarzbraun tarnfarben. Spannweite 35–50 mm. **Vorkommen:** Einer unserer häufigsten Tagfalter, der überall von der Ebene bis in die Gebirge über der Baumgrenze in der warmen Jahreszeit in 2–3 Generationen vorkommt. **Nahrung:** Falter Nektar und Baumsäfte, Raupen Brennesseln. **Entwicklung, Lebensweise:** Die Falter überwintern in Mäuselöchern, Mauerspalten, aber auch in Wohnungen und auf Dachböden. Sie können schon im zeitigsten Frühjahr aktiv werden, wenn die Temperatur hoch genug ist. Sie gelten dann als Ankündiger des Frühjahrs, obwohl ihr Auftreten nur von der Temperatur abhängig ist. Im Frühjahr legen sie ihre Eier an Brennesseln, die aber frei im Sonnenlicht stehen müssen und nicht in der hintersten Gartenecke. Die bedornte Raupe (s. Grafik) ist schwarz, mit gelben Längslinien, die Stürzpuppe (s. Grafik) ist unterschiedlich gefärbt.

Kaisermantel

Argynnis paphia

Schmetterlinge, Lepidoptera. **Merkmale:** Große Falter, die als Männchen leuchtend rotbraun gefärbt sind und schwarze Streifen an den Adern des Vorderflügels aufweisen (s. Foto); die Weibchen sind mehr olivbraun, ohne die Streifen. Beide haben vor allem auf den Hinterflügeln grün und violett-silbrige Zeichnungen auf der Unterseite, die zwar auffallend sind, bei zusammengeklappten Flügeln aber in der Vegetation eine ausgezeichnete Tarnung ergeben. Spannweite 60–80 mm. **Vorkommen:** Die Art ist weit verbreitet und nicht selten, in Waldnähe und auf Lichtungen in einer Generation im Hochsommer. **Nahrung:** Falter Nektar, Raupen Veilchen. **Entwicklung, Lebensweise:** Im Spätsommer legt das Weibchen Eier an den Fuß von Baumstämmen in der Nähe von Veilchen. Nach der Überwinterung werden diese von den Larven aufgesucht. Die Puppe wird im Frühjahr als Stürzpuppe in der Nähe in der Vegetation befestigt. Die Falter sind eifrige Blütenbesucher. Zur Paarung werden Balzspiele aufgeführt, wobei sowohl die Färbung der Falter als auch das Verhalten sowie Duftstoffe aus den dunklen Flügelstreifen der Männchen eine wichtige Rolle spielen.
Geschützt.

Landkärtchen

Araschnia levana

Sommerform

Schmetterlinge, Lepidoptera. **Merkmale:** Kleinere Falter mit bunter Zeichnung, die im Frühjahr dunkel auf rotem Grund erscheint (s. Foto), im Sommer aber weiß auf schwarzem (s. Grafik). Die beiden Formen wurden ursprünglich als verschiedene Arten beschrieben. Die Bezeichnung Landkärtchen kommt von der komplizierten Zeichnung der Unterseite der Flügel. Spannweite 30–40 mm. **Vorkommen:** Die Art ist weit verbreitet und stellenweise nicht selten; an Waldrändern, Bachufern und ähnlichen feuchten und leicht schattigen Stellen mit Brennesselbeständen. In 2 Generationen im Frühjahr und Sommer, die völlig verschieden aussehen. **Nahrung:** Falter Nektar, Raupen Brennesseln. **Entwicklung, Lebensweise:** Die beiden Farbvarianten werden durch verschiedene Entwicklungsbedingungen hervorgerufen, die vor allem in den unterschiedlichen Tageslängen und den damit verbundenen Temperaturen bedingt sind. So entsteht aus überwinterten Puppen immer nur die rote Frühjahrsform, während die schwarze Sommerform aus Puppen entsteht, die keine Ruhepause, wie sie die Überwinterung bedeutet, durchgemacht haben. Die Entstehung der beiden Formen ist im Experiment leicht nachzuvollziehen. Solche Saisondimorphismen sind nicht selten, treten aber beim Landkärtchen besonders deutlich hervor.

Schachbrett

Melanargia galathea

Schmetterlinge, Lepidoptera. **Merkmale:** Ein mittelgroßer Falter mit sehr charakteristischer Zeichnung in Form eckiger, schwarzer Flecke auf weißlichem Grund. Die Flügel sind gerundet und die Adern der Vorderflügel an der Wurzel aufgeblasen. Die Unterseite ist schwächer gezeichnet, mit ringförmigen Flecken am Hinterflügel. Spannweite 40–50 mm. **Vorkommen:** Weit verbreitet auf Grasland, Wiesen und Heiden und in 1 Generation im Sommer recht häufig. **Nahrung:** Die Falter besuchen gerne Blüten (Knautien, Disteln und dergleichen). Die Raupe lebt an Gräsern, am Tage verborgen. **Entwicklung, Lebensweise:** Die Eier werden in Bodennähe abgelegt und die Raupe überwintert, um sich im folgenden Jahr am oder sogar im Boden zu einer Stürzpuppe zu verwandeln. Die Falter fliegen nicht sehr schnell über blütenreiche Wiesen und lassen sich häufig zur Nahrungsaufnahme nieder. Manchmal findet man sie in der Morgenkühle taubedeckt und bewegungslos auf Blüten sitzen.
Geschützt.

Großer Mohrenfalter

Erebia ligea

Schmetterlinge, Lepidoptera. **Merkmale:** Ein mittelgroßer, dunkelbrauner Falter mit rotbraunen Binden, in denen kleine, schwarze Augenflecke stehen. Die Fransen der Flügel sind hell-dunkel gescheckt. Auf der Unterseite der Hinterflügel gibt es weiße Flecken. Auch hier sind die Adern an der Wurzel aufgeblasen. Spannweite 40–50 mm. **Vorkommen:** In Waldgebieten auf Waldwiesen und Rändern nicht selten in einer Generation im Sommer. **Nahrung:** Die Falter besuchen gerne Blüten, die Raupen leben an Gräsern. **Entwicklung, Lebensweise:** Auch hier überwintert die Raupe und die Puppe liegt später am Boden.

Es gibt eine große Zahl von Mohrenfaltern, die sich alle recht ähnlich sind und die hauptsächlich in den Alpen vorkommen, hier aber bis in große Höhe. Durch Isolierung der einzelnen Gebirgszüge ist es zu reicher Bildung von Rassen gekommen, die sich in der Größe der braunen Binden und der Ausbildung der Augenflecken unterscheiden. Sie bevölkern die Almwiesen oft in großer Zahl und gehören überhaupt zu den charakteristischen Erscheinungen unserer Berge.

Geschützt.

Rostfarbiger Dickkopffalter

Ochlodes venatus

Weibchen

Schmetterlinge, Lepidoptera. **Merkmale:** Flügel ockerbraun mit dunkleren Rändern und einem schwarzen Schrägstrich am Vorderflügel des Männchens (s. Foto), während das braune Weibchen diffuse hellere Flecken aufweist (s. Grafik). Die Unterseite beider Geschlechter ist grünlichbraun mit schwach abgesetzten helleren Flecken. Fühler gekolbt und mit gekrümmter Spitze. Spannweite 30–35 mm. **Vorkommen:** Weit verbreitet und nicht selten auf offenem Gelände, Juni bis August in 1 Generation, im Süden oft bis zu 3 Generationen. **Entwicklung, Lebensweise:** Die Raupe lebt an Gräsern, deren Blätter sie zusammenspinnt. Dort verpuppt sie sich auch. Sie überwintert. Die Falter haben einen schnellen, schwirrenden Flug, besuchen gerne Blüten und ruhen in einer besonderen Sitzhaltung, bei der die Vorderflügel schräg hochgestellt werden, die Hinterflügel aber seitlich in flacher Haltung vorstehen (s. Foto). Es gibt eine Reihe recht ähnlicher Arten, die oft nur schwer zu unterscheiden sind, aber in gleicher Häufigkeit auftreten. Mit den Tagfaltern im wissenschaftlichen Sinn haben sie nichts zu tun, sie gehören zu den sogenannten Nachtfaltern, obwohl sie nur am Tage aktiv sind.

Hauhechelbläuling
Polyommatus icarus

Weibchen

Schmetterlinge, Lepidoptera. **Merkmale:** Ein kleiner Schmetterling. Männchen mit glänzend blauer Oberseite, schmalem, schwarzem Flügelsaum und weißen Fransen (s. Foto). Die Unterseite ist graubraun, mit schwarzen, weiß geringelten Flecken und einer orangefarbenen Fleckenreihe am Rand des Hinterflügels. Die weiblichen Tiere sind oberseits braun, mit wenigen blauen und orangefarbenen Flecken (s. Grafik). Spannweite 25 mm. **Vorkommen:** Weit verbreitet und häufig auf Wiesen, an Rainen und Hängen; in 3 Generationen von April bis Oktober. **Nahrung:** Die Falter besuchen gerne Blüten; die Raupe lebt an Hauhechel, Hornklee und dergleichen. **Entwicklung, Lebensweise:** Die halbwüchsige Raupe überwintert, und die Verpuppung erfolgt erst im folgenden Frühjahr. Die weitere Entwicklung verläuft dann sehr rasch von Generation zu Generation. Es gibt sehr viele ähnliche Bläulingsarten, die oft nur sehr mühsam zu unterscheiden sind. Allen gemeinsam sind eine mehr oder weniger deutliche Blaufärbung der Ober- und die kleinen Augenflecken der Unterseite. Die Raupen mancher Arten werden von Ameisen besucht, da sie süßen Saft absondern.
Geschützt.

Taubenschwanz
Macroglossum stellatarum

Schmetterlinge, Lepidoptera. **Merkmale:** Ein kleiner Schwärmer mit graunbraunen Vorderflügeln und gelbbraunen Hinterflügeln. Der Körper ist grünlichbraun. Körperlänge 15 mm, Spannweite 40 mm. **Vorkommen:** Die Art ist ein Wanderfalter, der bei uns unregelmäßig vorkommt. Er fliegt im Sommer bei Tage in offenem Gelände. **Nahrung:** Die Falter besuchen Blüten; die Raupe lebt an Labkraut. **Entwicklung, Lebensweise:** Nach der Einwanderung entsteht bei uns eine weitere Generation, die jedoch den Winter nicht überdauern kann. Die Falter fliegen bei Tage im Sonnenschein und saugen gerne an Blüten, vor denen sie in der Luft »stehen«. Unterstützt wird dies durch Schuppen, die den Hinterleib vogelschwanzförmig umgeben. Daher kommt auch der Name dieser Art.

Mittlerer Weinschwärmer
Deilephila elpenor

Schmetterlinge, Lepidoptera. **Merkmale:** Recht großer Falter von typischer Schwärmergestalt: spindelförmiger, plumper Körper, mit schmalen, langen Vorderflügeln und deutlich kleineren Hinterflügeln. Die Vorderflügel sind rosa und olivgrün gefärbt, die Hinterflügel rosa und dunkelbraun. Auch der Hinterleib ist rosa mit olivfarbenen Streifen und einigen dunklen Flecken. Körperlänge 30 mm, Spannweite 60–70 mm. **Vorkommen:** Dieser Schwärmer ist recht häufig in Gärten und Parks und in offenem Gelände, wo er in einer Generation von Mai bis Juni abends und nachts fliegt. **Nahrung:** Die Falter saugen an verschiedenen Blüten. Die Raupe lebt an Labkraut, Weidenröschen und Fuchsien. **Entwicklung, Lebensweise:** Schwärmer haben sehr große Raupen, die nackt sind und meist ein gebogenes Horn am Hinterleib aufweisen. Sie sehen furchterregend aus, sind aber völlig harmlos. Sie können allerdings einen kleinen Fuchsienstrauch völlig kahlfressen. Die Weinschwärmerraupe hat zusätzlich vorne noch augenartige Flecke, die dem Tier ein schlangenartiges Aussehen verleihen (vgl. Grafik). Die Puppe überwintert in einer Höhle im Boden.

Raupe

Wolfsmilchschwärmer
Hyles euphorbiae

Schmetterlinge, Lepidoptera. **Merkmale:** Recht große Falter mit hellbraunen Vorderflügeln, die von dunkelbraunen Bändern und Flecken durchzogen sind. Die Hinterflügel sind rötlich mit dunklen Bändern. Der Hinterleib ist gelblichbraun mit olivbraunen und schwarzen Zeichnungen. Körperlänge 30 mm, Spannweite 60 mm. **Vorkommen:** Der Wolfsmilchschwärmer ist eigentlich ein Wanderfalter, der mehr im Mittelmeerraum zu Hause ist. Bei uns tritt er in sehr wechselnder Zahl vor allem in wärmeren, trockeneren Gebieten auf und fliegt in 2 Generationen im Frühjahr und Sommer abends und nachts. **Nahrung:** Die Falter saugen gerne an Blüten; die Raupen leben an Zypressenwolfsmilch. **Entwicklung, Lebensweise:** Die sehr bunten Raupen sind tags im Sonnenschein sehr aktiv an ihrer Nahrungspflanze. Wahrscheinlich ist die bunte Färbung der Tiere eine Warnung vor ihrer Ungenießbarkeit. Sie speichern die giftigen Stoffe der Pflanze in ihrem Körper und Angreifer wie Vögel meiden sie, da sie wohl von dem Gift beeinflußt werden. Man findet solche Schutzwirkungen durch Giftstoffe bei Schmetterlingen recht häufig.
Geschützt.

Erdeichel-Widderchen

Zygaena filipendulae

Schmetterlinge, Lepidoptera. **Merkmale:** Die Falter von mittlerer Größe haben ein charakteristisches Erscheinungsbild: Ihre Vorderflügel sind dunkel mit blauem oder grünlichem Glanz und tragen rote Flecken, deren Zahl und Form unterschiedlich ist. Diese Art trägt je 6 Flecken in 3 Paaren. Der Hinterflügel ist rot gefärbt, mit dunklem Saum. Die kräftigen Fühler sind zur Spitze verdickt und erinnern an die Hörner eines Widders; der kräftige Körper ist dunkel gefärbt und glänzend. **Vorkommen:** Die Art ist von Juni bis August auf offenem Gelände weit verbreitet und stellenweise häufig. Man sieht die Falter tags im Sonnenschein an den Blüten von Disteln und Knautien. **Entwicklung, Lebensweise:** Die Tiere einschließlich ihrer Raupen enthalten giftige Stoffe, auf die mit den einprägsamen Farben hingewiesen wird. Raubfeinde wie Vögel meiden solche Zeichnungsmuster. Die Raupe lebt an schmetterlingsblütigen Pflanzen und überwintert. Im folgenden Jahr spinnt sie an einem Grashalm einen gelblichen, spindelförmigen Kokon, in dem sie sich verpuppt. Vor dem Schlüpfen des Falters schiebt sich die Puppe zur Hälfte aus dem Kokon (s. Grafik). Man kann diese Gebilde recht oft beobachten. Es gibt eine Reihe ähnlicher Arten bei uns, die sich durch die Zahl und Form der Flügelflecken unterscheiden. Durch die moderne Wiesenbewirtschaftung sind die Tiere stark gefährdet.
Geschützt.

Kokon mit geschlüpfter Puppe

Brauner Bär

Arctia caja

Schmetterlinge, Lepidoptera. **Merkmale:** Ein großer Schmetterling mit braunen Bändern auf weißlichem Untergrund am Vorderflügel und stahlblauen Augenflecken am Hinterflügel. Spannweite 50–60 mm. **Vorkommen:** Die Art ist weit verbreitet und nicht selten im Wald- und Wiesenland nachts im Sommer. **Nahrung:** Die Falter nehmen keine Nahrung zu sich. Die Raupe lebt an vielerlei niederen Pflanzen. **Entwicklung, Lebensweise:** Die schwarz und braun behaarten Raupen sehen wie kleine Bären aus (Name!). Man sieht sie nicht selten über Wege laufen. Der Falter ist ungenießbar und zeigt dies durch seine Warnfarbe.
Geschützt.

Rotes Ordensband

Catocala nupta

(Foto oben)

Schmetterlinge, Lepidoptera. **Merkmale:** Ein großer Nachtfalter mit rindenartig gezeichneten Vorderflügeln und mit rot gebänderten Hinterflügeln. Spannweite 70–80 mm. **Vorkommen:** Verbreitet und nicht selten in Gebüschen und Wäldern; nachts im Spätsommer und Herbst fliegend. 1 Generation. **Nahrung:** Die Falter besuchen Blüten, aber auch gärendes Obst und Baumsäfte. Die Raupe lebt an Pappeln und Weiden. **Entwicklung, Lebensweise:** Die Eier überwintern. Die große Raupe ist rindenartig gefärbt und wie ein Zweig geformt. Sie ist kaum zu erkennen. Die am Tage an Baumstämmen ruhenden Falter sind durch ihre Vorderflügel gut getarnt, da die bunten Hinterflügel darunter verborgen sind. Wird ein Tier trotzdem erkannt und beunruhigt, so streckt es blitzschnell die Vorderflügel vor und die bunten Hinterflügel werden sichtbar (s. Foto). Man nennt dies eine Schrecktracht.
Geschützt.

Gammaeule

Autographa gamma

(Foto unten links)

Schmetterlinge, Lepidoptera. **Merkmale:** Ein kleinerer Nachtfalter mit bräunlich glänzenden Vorderflügeln, die ein charakteristisches, silbernes Gamma-Zeichen tragen. Die Hinterflügel sind heller, mit dunklerem Rand. Spannweite 35 mm. **Vorkommen:** Ein Wanderfalter, der im Sommer und Herbst überall recht häufig ist und auch bei Tage fliegen kann. **Nahrung:** Die Falter besuchen gerne Blüten. Die unscheinbare Raupe lebt versteckt an niederen Pflanzen und ist manchmal schädlich. **Entwicklung, Lebensweise:** Die eingewanderten Tiere ergeben mehrere Generationen, scheinen aber den Winter nicht zu überdauern. Die Falter ruhen mit dachförmig über dem Rücken zusammengelegten Flügeln.

Hausmutter

Noctua pronuba

(Foto unten rechts)

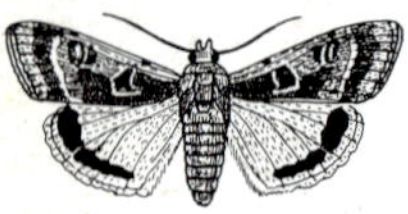

Schmetterlinge, Lepidoptera. **Merkmale:** Die Vorderflügel sind grau, braun oder gelblichgrün, mit rundlichen Flecken, die Hinterflügel leuchtend gelb, mit schwarzem Rand (vgl. Grafik). Spannweite 40–60 mm. **Vorkommen:** Überall recht häufig im Sommer und nachts fliegend. Auch in Häuser eindringend. **Nahrung:** Die Falter besuchen Blüten, die Raupe frißt an niederen Pflanzen. **Entwicklung, Lebensweise:** 1 Generation. Die Raupe überwintert am Boden versteckt und verpuppt sich im Frühjahr in einer Erdhöhle.

Großer Frostspanner
Erannis defoliaria

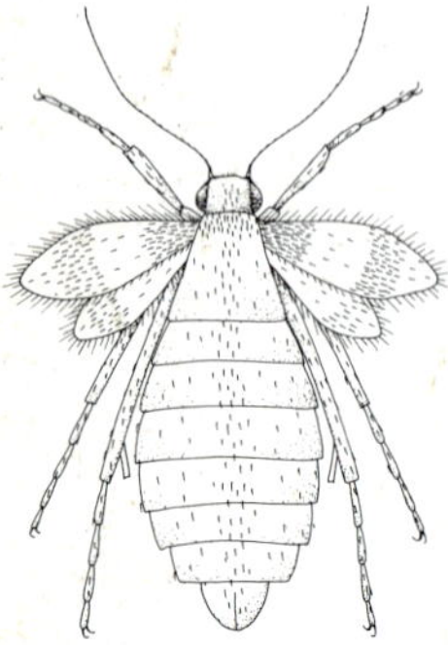

Weibchen

Schmetterlinge, Lepidoptera. **Merkmale:** Spanner sind kleine Falter mit schwachem Körper und breiten Flügeln, die von Querbändern überzogen und bräunlich oder grau gefärbt sind. Die Fühler sind fadenförmig. Die hier dargestellte Art weist eine Besonderheit auf: Die Weibchen haben verkümmerte Flügel (s. Grafik), die Männchen sind normal geflügelt (s. Foto). Spannweite 40 mm, Körperlänge des Weibchens 10 mm. **Vorkommen:** Im Spätherbst, oft nach den ersten Frösten, häufig in Wäldern und Baumanlagen, nachts fliegend. **Nahrung:** Die Falter nehmen keine Nahrung zu sich; die Raupen leben an Laubbäumen, gerne an Obstbäumen, und können an diesen schädlich werden. **Entwicklung, Lebensweise:** Im Herbst schlüpfen beide Geschlechter und die flügellosen Weibchen beginnen nun an den Baumstämmen emporzuklettern. Dort werden sie von den Männchen aufgesucht. Die Eiablage erfolgt dann oben in den Bäumen in der Nähe von Knospen. Nach der Überwinterung der Eier schlüpfen die Raupen, wenn die ersten Triebe erscheinen. Die erwachsenen Raupen gleiten an einem Faden zu Boden und verpuppen sich darin. Wegen ihrer Schädlichkeit versucht man die Weibchen am Emporklettern zu hindern. Leimringe werden um die Stämme der Bäume gelegt; die Weibchen können dieses Hindernis nicht überwinden und bleiben kleben. Es gibt bei uns noch zahlreiche andere Spanner, die alle recht ähnlich gebaut sind, deren Weibchen aber normale Flügel haben. Allen gemeinsam ist der eigenartige Bau der Raupen mit der typisch »spannerartigen« Fortbewegungsweise.

Federmotte
Platyptilia gonodactyla

Schmetterlinge, Lepidoptera. **Merkmale:** Die Vorderflügel dieser bräunlich gefärbten Art sind schmal und am Außenrand eingekerbt, mit dreieckigem Fleck am Vorderrand; der Hinterflügel ist tief in drei Lappen gespalten, die am Rand federartig mit langen Fransen besetzt sind (vgl. Grafik). Spannweite 20–24 mm. **Vorkommen:** Die Art ist weit verbreitet und kommt in 2 Generationen von Juni bis Juli und von August bis September vor, meist recht häufig. **Entwicklung, Lebensweise:** Die Falter fliegen in der Abenddämmerung, tagsüber sitzen sie in der Vegetation mit seitlich zusammengerollten Flügeln. Die Raupe lebt minierend (im Innern) der Blüten und Blätter von Huflattich und Pestwurz; sie überwintert.

Die Geistchen sind eine verwandte Schmetterlingsgruppe, deren Flügel in 6 Lappen gespalten sind.

Kohlschnake
Tipula-Art

Zweiflügler, Diptera. **Merkmale:** Große Tiere mit schlankem Körper, schmalen Flügeln und sehr langen Beinen. Die Mundwerkzeuge sind verkümmert. Die Färbung der Tiere ist sehr unscheinbar bräunlich. Körperlänge rund 25 mm. **Vorkommen:** Kohlschnaken sind im Sommer auf Grasland häufig und weit verbreitet. Sie fliegen nachts und ruhen tags zwischen Gräsern. **Nahrung:** Die erwachsenen Tiere nehmen keine Nahrung zu sich. Die Larven leben im Boden von Graswurzeln und verrottenden Pflanzenteilen, können aber auch frische Triebe benagen. **Entwicklung, Lebensweise:** Kohlschnaken sieht man abends oft tanzend über Wiesen fliegen. Es sind dies meist Weibchen, die nach der Paarung mit ihrem Legebohrer jeweils ein Ei in den Boden bringen. Die Tiere werden vom Licht angelockt und gelangen dann in unsere Wohnungen, wo sie wild schwirrend umherfliegen. Sie sind aber völlig harmlos und können nicht stechen. Ihre Mundwerkzeuge eignen sich höchstens zur Wasseraufnahme.

Stechmücke
Theobaldia annulata

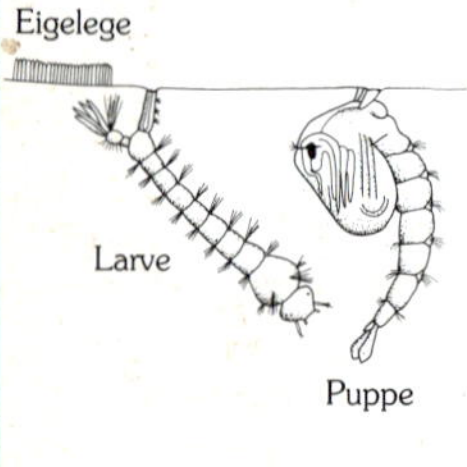

Zweiflügler, Diptera. **Merkmale:** Kleine Tiere mit schlankem Körper, schmalen Flügeln und langen Beinen. Sie sind unscheinbar gefärbt. Bei den Weibchen ist ein Stechrüssel entwickelt, bei den Männchen nur ein einfacher Saugrüssel. Körperlänge 8–10 mm. **Vorkommen:** In der Nähe von Gewässern sind Stechmücken verbreitet und häufig. Sie fliegen im Sommer abends, morgens und bei bedecktem Himmel. **Nahrung:** Während die Männchen nur Nektar saugen, stechen die Weibchen in bekannter Weise in die Haut und saugen Blut. Die Larven leben von kleinen Schwebepartikeln. **Entwicklung, Lebensweise:** Die Larven der Stechmücken leben im Wasser, atmen aber an der Wasseroberfläche. Die Puppe lebt in ähnlicher Weise (vgl. Grafiken). Nach dem Schlüpfen sucht dann das Weibchen ein Opfer, an dem es Blut saugen kann. Ohne diese Nahrung kommen die Eier nicht zur Entwicklung. Ihre Opfer finden Stechmücken durch den Geruch und einen Wärmesinn, der die von Säugetieren am Körper erwärmte und aufsteigende Luft wahrnimmt.

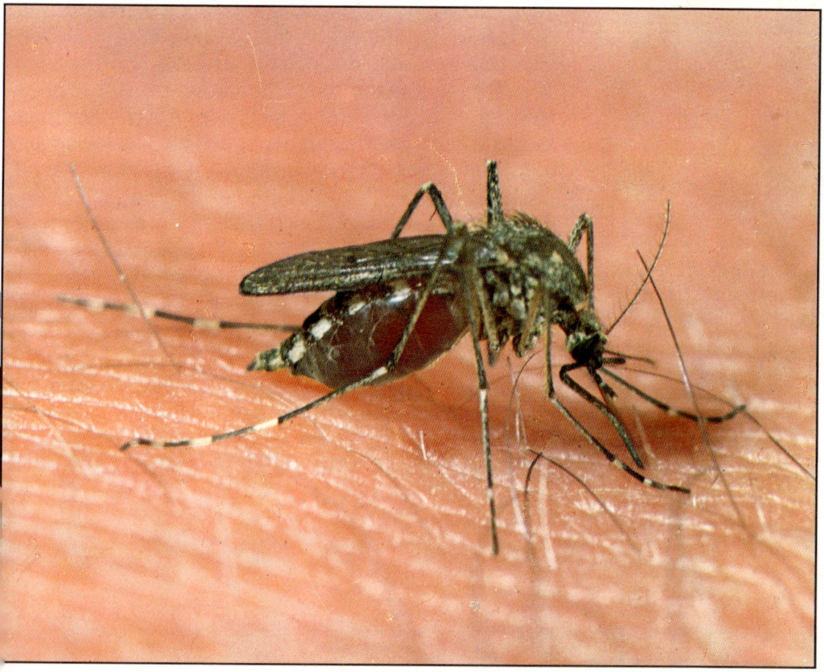

Buchengallmücke
(Gallen)
Mikiola fagi

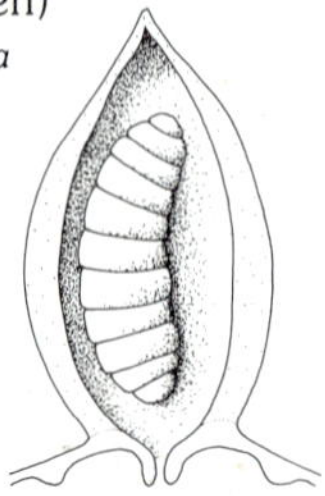

aufgeschnittene Galle

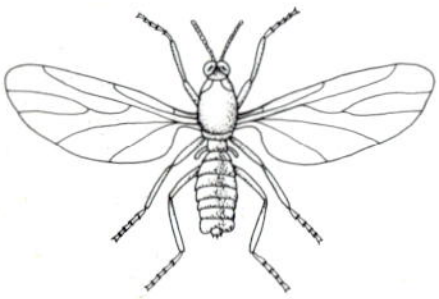

Zweiflügler, Diptera. **Merkmale:** Auf Buchenblättern findet man oft auf den Adern glänzend glatte, zugespitzte Auswüchse, die rötlich angelaufen sind. Größe 5 mm. Die sehr kleinen Mücken selbst (s. Grafik) findet man nur bei sehr sorgfältigen Untersuchungen oder bei Zucht aus den Gallen. **Vorkommen:** Nicht selten und weit verbreitet auf Buchen. **Nahrung:** Die Larve lebt in der Galle und ernährt sich von deren Geweben. **Entwicklung, Lebensweise:** Die Gallmücke legt ihre Eier in das Gewebe des Blatts, wo die jungen Larven alsbald Stoffe absondern, die das Blatt zum Wuchern anregen und schließlich eine Galle entsteht. Schneidet man solch eine Galle durch, so findet man im Innern die fast farblose Larve der Mücke (s. Grafik). Die Form der Galle und die Wirtspflanze sind immer sehr spezifisch für den Gallbildner, der nicht nur eine Mücke, sondern z. B. auch eine Wespe (s. S. 80) oder ein Schmetterling sein kann. In allen Fällen handelt es sich um Gewebswucherungen.

Zuckmücke
Chironomus plumosus

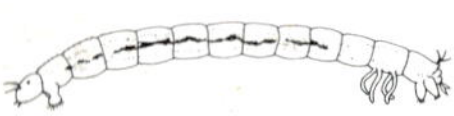

Larve

Zweiflügler, Diptera. **Merkmale:** Diese Mücke sieht wie eine Stechmücke aus, kann aber nicht stechen. Der Körper ist bräunlich oder grünlich; die Flügel sind farblos und kürzer als der Körper, die Beine sehr lang und dünn, wobei die Vorderbeine verlängert sind (s. Foto). Die Fühler der Männchen (Foto) sind stark büschelförmig gefiedert, die der Weibchen nicht. Körperlänge 10–12 mm. **Vorkommen:** Im Sommer treten diese Mücken oft in Schwärmen an Gewässern auf und man kann sie nachts am Licht, durch das sie angelockt werden, leicht beobachten. **Nahrung:** Die voll entwickelten Insekten nehmen kaum Nahrung auf, die im Bodengrund von Gewässern lebenden Larven abgestorbene organische Stoffe. **Entwicklung, Lebensweise:** Die Larven sind als rote Zuckmückenlarven bei Aquarianern bekannt (s. Grafik). Sie gelten als wichtige Nahrung für Fische. Außerdem verarbeiten sie viele organische Abfälle, die in Gewässern abgelagert werden. Sie verpuppen sich im Bodengrund. Es gibt eine große Zahl ähnlicher Arten, die nur von Spezialisten zu unterscheiden sind. Ihre Verbreitung ist biologisch von großer Bedeutung.

Schwebfliege
Syrphus-Art

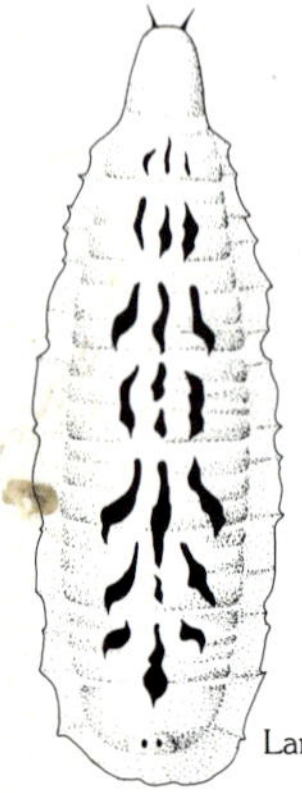

Zweiflügler, Diptera. **Merkmale:** Eine kleine Fliege mit typisch schwarz und gelb gestreiftem Körper und großen, rötlichen Augen. Die Flügel sind glasklar. Körperlänge 10 mm. **Vorkommen:** Im Sommer recht häufig an allen möglichen Orten, in der Sonne um Blüten fliegend und oft an der Stelle schwirrend. Weit verbreitet. **Nahrung:** Die Fliegen sind Blütenbesucher, die Larven (s. Grafik) ernähren sich von Blattläusen, die sie aussaugen. **Entwicklung, Lebensweise:** Die Eier werden in der Nähe von Blattlauskolonien abgelegt, wo die Larve reichlich Nahrung findet. Dadurch sind Schwebfliegen sehr nützlich. Die gelb-schwarze Färbung ist eine Nachahmung von Wespen und verleiht den Tieren einen gewissen Schutz. Sehr charakteristisch ist die Art des Flugs: Die Fliegen können mit sehr schnell schwirrenden Flügeln auf der Stelle in der Luft verharren, um dann plötzlich Vorstöße zu machen. So verweilen sie oft lange Zeit an einem Platz.

Raubfliege
Machimus-Art

Zweiflügler, Diptera. **Merkmale:** Schlank gebaute Fliegen mit behaartem Körper und großen Augen auf dem sehr beweglichen Kopf. Die Beine sind besonders kräftig entwickelt. In Ruhe werden die Flügel über dem Rücken zusammengeschlagen. Körperlänge 15 mm. **Vorkommen:** An Waldrändern und Gebüschen sind Raubfliegen im Sommer weit verbreitet und nicht selten. Sie sind bei Sonnenschein aktiv. **Nahrung:** Raubfliegen sind Räuber und fangen andere Insekten. Ihre Larven leben räuberisch im Boden unter verrottenden Pflanzenteilen, die auch als Nahrung dienen können. **Entwicklung, Lebensweise:** Raubfliegen sitzen meist lauernd in der Vegetation und beobachten mit ihren großen Augen die Umgebung. Fliegt eine entsprechende Beute vorbei, so wird diese in raschem Flug ergriffen, und – zurückgekehrt zum Ruheplatz – mit dem Rüssel angestochen und ausgesaugt (im Foto ein Schmetterling). Für den Menschen sind Raubfliegen jedoch völlig ungefährlich. Die Eier werden am Boden an Gräsern abgelegt. Bei uns gibt es eine Reihe verschiedener Raubfliegen, die manchmal auf besondere Beute spezialisiert sind. Unsere größten Fliegen gehören zu dieser Gruppe.

Stubenfliege

Musca domestica

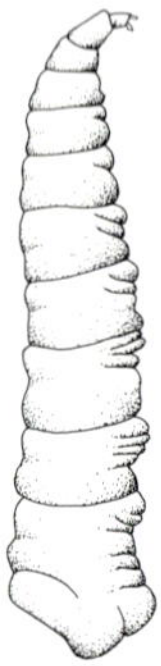

Larve

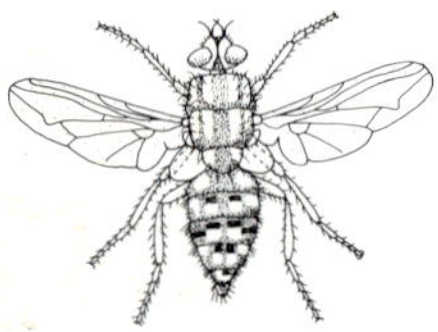

Fleischfliege

Zweiflügler, Diptera. **Merkmale:** Weithin bekannte Fliege von grauer Farbe; am Bruststück dunklere Längsstreifen und am Hinterleib helle und dunkle Flecken. Die großen Augen sind rötlich gefärbt und der ganze Körper einschließlich der Beine mit starken Borsten besetzt. Die Mundwerkzeuge sind leckend-saugend, können also nicht stechen. **Vorkommen:** Weltweit verbreitet und Begleiter des Menschen in Wohnungen und Ställen. Sie ist fast das ganze Jahr zu beobachten, da sie auch als Imago überwintern kann. Oft ist sie recht lästig. **Nahrung:** Alle möglichen organischen Stoffe, vor allem die meisten Lebensmittel. Durch den Wechsel verschiedenster Nahrungsquellen können Krankheitskeime übertragen werden. **Entwicklung, Lebensweise:** Die Made (s. Grafik) ernährt sich von tierischen und pflanzlichen Abfällen am Boden und verpuppt sich auch dort. Je nach Klima und Nahrungszugang können unterschiedlich viele Generationen auftreten, die im Bereich des Menschen auch im Winter vorkommen können.

Sehr ähnlich sind die Kleine Stubenfliege *(Fannia canicularis)* mit ähnlicher Lebensweise und der Wadenstecher *(Stomoxys calcitrans)*, der als Blutsauger auftritt. Die Fleischfliege (*Sarcophaga carnaria;* s. Grafik) ist größer und findet sich nicht selten in Wohnungen, wo sie vor allem an Fleisch saugt.

Regenbremse

Haematopoda pluvialis

Zweiflügler, Diptera. **Merkmale:** Eine mittelgroße Fliege mit grauem Körper und großen, wie ein Regenbogen gefärbten und gezeichneten Augen. Die Mundwerkzeuge sind zu einem Stechrüssel geformt. Die Flügel tragen graue Flecken. Körperlänge 10 mm. **Vorkommen:** Die Fliege erscheint im Sommer in feuchtem Gelände und ist besonders an warmen, schwülen Tagen aktiv. Sie ist weit verbreitet. **Nahrung:** Männliche Tiere lecken Pflanzensäfte, während weibliche Blutsauger sind. Die Larven leben in feuchtem Boden und ernähren sich räuberisch. **Entwicklung, Lebensweise:** Fast lautlos nähert sich die Fliege dem Opfer und läßt sich unmerklich nieder, um fast sofort ihren Rüssel in die Haut zu stechen. Dabei gelangt auch der Speichel in die Wunde und verhindert die Blutgerinnung, erzeugt aber auch juckende Beulen. Blutaufnahme ist für die Entwicklung der Eier notwendig.

Die bunte Färbung der Augen kommt bei vielen Bremsenarten vor und ist meist charakteristisch für die betreffende Art, verliert sich aber bei toten Tieren.

Wollschweber

Bombylius discolor

Zweiflügler, Diptera. **Merkmale:** Diese Fliege hat einen dick wollig behaarten Leib und sieht wie eine kleine Hummel aus. Sie besitzt einen Saugrüssel von Körperlänge. Im Flug vermag sie in der Luft zu »stehen«. Körperlänge 8 mm. **Vorkommen:** Wollschweber sind Frühjahrstiere, die man nicht selten an Waldrändern findet, wo sie im Sonnenschein Blüten besuchen. Sie sind weit verbreitet. **Nahrung:** Die Fliege saugt Blütensaft, die Larve lebt parasitisch von Wespen- und Bienenlarven. **Entwicklung, Lebensweise:** Das Weibchen des Wollschwebers legt seine Eier mit Sandkörnchen getarnt an die Eingänge von Bienen- und Wespenbauten. Die geschlüpften Larven dringen dann in die Nester ein und leben zunächst von Larvennahrung, verzehren aber schließlich die Larven ihrer Wirte. Die Verpuppung erfolgt in der geschlossenen Zelle der Wirtslarve.

Menschenfloh

Pulex irritans

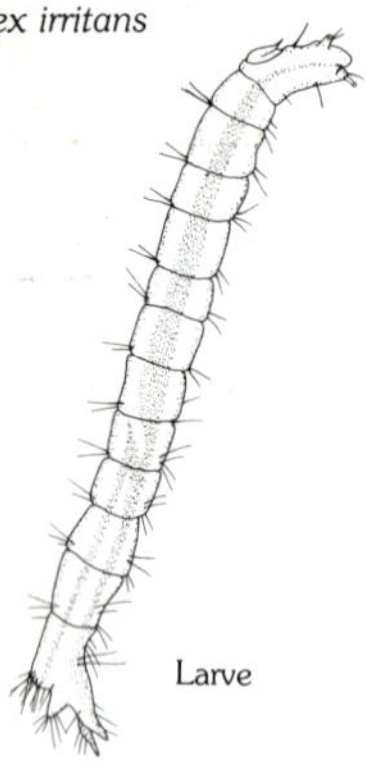

Larve

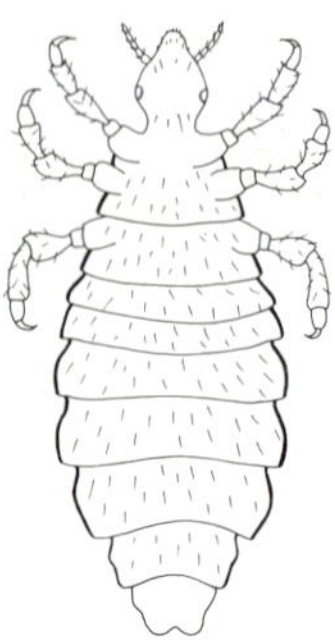

Kopflaus

Flöhe, Siphonaptera. **Merkmale:** Kopf, Brust und Hinterleib bilden seitlich gesehen einen tropfenförmigen Umriß, seitlich abgeflacht und mit nach hinten gerichteten Borsten an allen Segmenträndern. Die Flügel sind rückgebildet, die Fühler ganz kurz; dagegen sind die Beine stark entwickelt und zum Springen geeignet. Die Mundwerkzeuge sind stechend-saugend und eignen sich zur Blutaufnahme von ihren Wirten. Die Körperlänge beträgt 2–3,5 mm, die Färbung ist braun. **Vorkommen:** Weltweit verbreitet, mit dem Stand der Hygiene aber in unterschiedlicher Häufigkeit. Heute wird diese Art oft von Reisenden eingeschleppt. **Nahrung:** Saugt Blut von den Wirten, je nach Art unterschiedlich, und kann dabei Krankheiten übertragen. **Entwicklung, Lebensweise:** Die Imago hält sich nur zeitweise auf ihrem Wirt auf. Die Eier werden meist am Boden in Ritzen abgelegt, wo die madenförmige Larve (s. Grafik) von Abfällen lebt. Dort erfolgt auch die Verpuppung.

Zu den Floharten, die gelegentlich den Menschen befallen, gehören der Hundefloh *(Ctenocephalides canis)* und der Katzenfloh *(Ctenocephalides felis),* die sich durch stark entwickelte, nach hinten gerichtete Dornen an Kopf und Bruststück unterscheiden.

Zu den Parasiten des Menschen gehören auch die Läuse, besonders Kopf- und Kleiderlaus (*Pediculus humanus;* s. Grafik), deren Entwicklung sich ganz auf dem Wirt abspielt. Sie sind nicht näher mit den Flöhen verwandt.

Register

Deutsche Namen

Admiral 98
Ameisenjungfer 54
Ameisenlöwe 54
Azurjungfer, Hufeisen- 26

Bär, Brauner 110
Biene, Honig- 88
Binsenjungfer, Gewöhnliche 24
Blattkäfer 70
Blattlaus, Grüne 50
Blattlauslöwe 52
Blattwespe 78
Bläuling, Hauhechel- 106
Blaupfeil 32
Blumenbock, Roter 72
Blutströpfchen, Erdeichel- 110
Brackwespe 80
Brauner Bär 110
Bremse, Regen- 122
Buchdrucker 76

Dickkopffalter, Rostfarbiger 104
Distelfalter 96
Drahtwurm 66

Eintagsfliege 22
Engerling 62
Erdflöhe 70
Erdhummel 90

Federlibelle 26
Federmotte 114
Feldhummel 114
Feldwespe 86
Feuerkäfer 74
Feuerwanze 44
Fleischfliege 122
Floh, Menschen- 124
Florfliege 52
Frostspanner, Großer 114
Fuchs, Kleiner 100

Gallmücke, Buchen- 118
Gallwespe, Eichen- 80
Gallwespe, Rosen- 80
Gammaeule 112
Geistchen 114
Gelbrandkäfer 58
Glühwürmchen 66
Goldlaufkäfer 56
Goldwespe 82
Gottesanbeterin 34
Grabwespe 82
Grashüpfer, Wiesen- 38
Grille, Feld- 36

Hausmutter 112
Heupferd, Großes grünes 34
Heuschrecke, Schnarr- 38
Heidelibelle, Blutrote 32
Hirschkäfer 64
Hundefloh 124

Julikäfer 62

Kaisermantel 100
Kamelhalsfliege 52
Kartoffelkäfer 68
Katzenfloh 124
Kleiderlaus 124
Köcherfliege 92
Kohlschnake 116
Kohlweißling, Großer 96
Königslibelle, Große 28
Kopflaus 124
Knotenameise, Rote 84
Küchenschabe 40
Kurzflügler 58

Landkärtchen 102

Maikäfer 62
Marienkäfer, Geringelter 68
Maulwurfsgrille 36
Mistkäfer 60
Mohrenfalter, Großer 104
Mosaikjungfer, Blaugrüne 28

Ohrwurm, Gewöhnlicher 40
Ordensband, Rotes 112

Pappelbock, Großer 70
Plattbauch 30
Prachtlibelle, Blauflügel- 24
Prachtlibelle, Gebänderte 24

Raubfliege 120
Raubwanze 44
Rosenkäfer 64
Rückenschwimmer 46
Rüsselkäfer 76

Sandlaufkäfer, Feld- 56
Schachbrett 102
Schildwanze, Gestreifte 42
Schlafapfel 80
Schlammfliege 50
Schlupfwespe 78
Schmalbock, Gefleckter 72
Schmetterlingshaft 54
Schneefloh 92
Schneewurm 74
Schnellkäfer 66
Schwalbenschwanz 94
Schwebfliege 120
Siebenpunkt 68
Silberfischchen 20
Skorpionfliege 92
Soldatenkäfer 74
Springschwanz 20
Stechmücke 116
Steinfliege 22
Stinkwanze, Grüne 42
Stubenfliege 122
Stubenfliege, Kleine 122

Tagpfauenauge 98
Taubenschwanz 106
Totengräber, Gewöhnlicher 60

Vierflecklibelle 30

Wadenstecher 122
Waldameise, Rote 84
Waldschabe 40
Wasserbiene 46
Wasserläufer 46
Wasserskorpion 46
Weichkäfer 74
Weinschwärmer, Mittlerer 108
Werre 36
Wespe, Deutsche 86
Wespe, Feld- 86
Widderchen, Erdeichel- 110
Wiesengrashüpfer 38
Wolfsmilchschwärmer 108
Wollschweber 124

Zikade, Berg- 48
Zikade, Blut- 48
Zikade, Schaum- 48
Zimmermannsbock 72
Zitronenfalter 94
Zuckmücke 118

Wissenschaftliche Namen

Acanthocinus aedilis 72
Aeshna cyanea 28
Aglais urticae 100
Allantus 78
Anatis ocellata 68
Anax imperator 28
Anomala dubia 62
Apanteles glomeratus 80
Aphis 50
Apis mellifica 88
Araschnia levana 102
Arctia caja 110
Argynnis paphia 100
Ascalaphus coccajus 54
Autographa gamma 112

Blatta orientalis 40
Bombus agrorum 90
Bombus terrestris 90
Bombylius discolor 124

Calopteryx splendens 24
Calopteryx virgo 24
Cantharis livida 74
Carabus auratus 56
Catocala nupta 112
Cercopis vulnerata 48
Cetonia aurata 64
Chironomus plumosus 118
Chorthippus dorsatus 38
Chrysis ignita 82
Chrysomela 70
Chrysopa 52
Cicadetta montana 48
Cicindela campestris 56
Coccinella septempunctata 68
Ctenocephalides canis 124
Ctenocephalides felis 124
Cynips quercusfolii 80

Deilephila elpenor 108
Diplolepis rosae 80
Dytiscus marginalis 58

Ectobius sylvestris 40
Elater 66
Ephemera danica 22
Erannis defoliaria 114
Erebia ligea 104

Fannia canicularis 122
Forficula auricularia 40
Formica rufa 84

Geotrupes 60
Gerris lacustris 46
Gonepteryx rhamni 94
Graphosoma italicum 42
Gryllotalpa gryllotalpa 36
Gryllus campestris 36

Haematopoda pluvialis 122
Hyles euphorbiae 108

Inachis io 98
Ips typographus 76

Lampyris noctiluca 66
Lepisma saccharina 20
Leptinotarsa decemlineata 68
Leptura rubra 72
Lestes sponsa 24
Libellula depressa 30
Libellula quadrimaculata 30
Liparus glabrirostris 76
Lucanus cervus 64

Machimus 120
Macroglossum stellatarum 106
Mantis religiosa 34
Melanargia galathea 102
Melolontha melolontha 62
Mikiola fagi 118
Musca domestica 122
Myrmeleon formicarius 54
Myrmica rubra 84

Necrophorus vespillo 60
Nepa rubra 46
Noctua pronuba 112
Notonecta glauca 46

Ochlodes venatus 104
Orchesella 20
Orthetrum cancellatum 32

Palomena prasina 42
Panorpa communis 92
Papilio machaon 94
Pediculus humanus 124
Perla 22
Philaenus spumarius 48
Pieris brassicae 96
Platycnemis pennipes 26
Platyptilia gonodactyla 114
Polistes gallicus 86
Polyommatus icarus 106
Psophus stridulus 38
Pulex irritans 124
Pyrochroa coccinea 74
Pyrrhocoris apterus 44

Raphidia 52
Rhinocoris iracundus 44

Saperda carcharias 70
Sarcophaga carnaria 122
Sialis 50
Staphylinus caesareus 58
Strangalia maculata 72
Stomoxys calcitrans 122
Sympetrum sanguineum 32
Syrphus 120

Tettigonia viridissima 34
Theobaldia annulata 116
Tipula 116

Vanessa atalanta 98
Vanessa cardui 96
Vespula germanica 86

Zygaena filipendulae 110